黒船がきた！

日本の歴史は大きくかわりはじめたぞ！

幕末にかつやくした人物たち

榎本武揚
1836～1908年
→Q39～40

ペリー
1794～1858年
→Q21～22

徳川慶喜
1837～1913年
→Q30～31

ハリス
1804～1878年
→Q24

大久保利通
1830～1878年
→Q52～54

中岡慎太郎
1838～1867年
→Q81

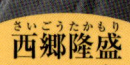
西郷隆盛
1827～1877年
→Q48～51

福沢諭吉
1834～1901年
→Q90～92

高杉晋作
1839〜1867年
→Q63〜64

勝海舟
1823〜1899年
→Q35〜38

木戸孝允
1833〜1877年
→Q59〜62

近藤勇
1834〜1868年
→Q33

土方歳三
1835〜1869年
→Q34

黒田清隆
1840〜1900年
→Q55

岩倉具視
1825〜1883年
→Q88〜89

坂本龍馬
1835〜1867年
→Q72〜76、
　78〜80

幕末から明治初期にかけてのおもなできごと

年	できごと
1853	ペリー来航、開国を求める（→Q21〜22）。
1854	ペリーがふたたび来航。日米和親条約がむすばれる（→Q23）。
1858	日米修好通商条約がむすばれる（→Q24〜25）。安政の大獄はじまる（→Q26）。
1860	勝海舟ら、咸臨丸で太平洋を横断（→Q37）。桜田門外の変（→Q27）。
1862	生麦事件（→Q47）。
1863	薩英戦争（→Q47）。
1864	禁門の変（→Q49、65）。第1次長州出兵（→Q49）。
1866	薩長同盟がむすばれる（→Q50、61、75）。第2次長州出兵、幕府軍やぶれる。
1867	大政奉還（→Q31）。王政復古の大号令（→Q31、88）。
1868 (明治元)	戊辰戦争はじまる（→Q33、42）。五箇条の御誓文発布（→Q62）。元号を明治とする。
1869	戊辰戦争おわる（→Q40）。
1871	岩倉使節団派遣（→Q89）。
1872	『学問のすゝめ』刊行（→Q92）。
1877	西南戦争（→Q51）。

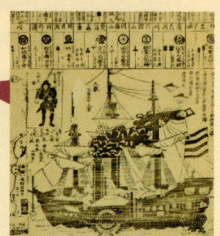

くわしい説明はそれぞれの問題を見てみるといいぞ。

歴史人物

幕末編

この本のつかいかた

Q1からQ20までは、○×クイズ。まずは力だめしだ！
Q21からは「幕府にかかわる人びと」「新しい国づくりに貢献した薩長土肥の人びと」「そのほか・復習」にわかれている。マークの数字が大きくなるほど問題はむずかしいぞ。161〜165ページのチェックボックスらんにしるしをつけて、自分の合計点を書きこんでみよう。91問以上できれば、検定クイズクリアだ！

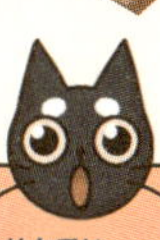

さあ、検定クイズ **100問**にチャレンジしよう！

○×クイズ

Q001
江戸とはいまの京都府のことである。

Q002
江戸時代の将軍家の名前は豊臣である。

Q003
幕末とは、江戸時代最後の将軍の時代をさす。

Q004
幕府とは、将軍を中心とする武士の政治組織のことである。

Q005
江戸時代、将軍につかえ、1万石以上の領地をおさめるものを大名という。

Q006
江戸幕府で、全国支配のための政治をとりしきる役職を老中という。

Q007
江戸時代、大名がおさめていた領地のことを県という。

Q008
江戸時代につくられた日本の軍艦を黒船という。

Q009
外国との貿易や交流を禁止したり、制限したりすることを鎖国という。

Q010
鎖国をやめ、外国と国交をひらくことを出国という。

きみはどれだけ知っているかな？
まずは○×クイズでお手なみ拝見。
答えはつぎのページだぞ！

Q011
天皇を崇拝し、開国に反対しておこった反幕府運動を尊王攘夷運動という。

Q012
薩摩藩はいまの鹿児島県あたりのことである。

Q013
長州藩はいまの広島県あたりのことである。

Q014
土佐藩はいまの香川県あたりのことである。

Q015
幕府をたおそうとする運動を倒幕運動という。

Q016
1868年にはじまった旧幕府軍と新政府軍とのたたかいを西南戦争という。

Q017
江戸時代がおわったあとに明治時代がはじまる。

Q018
江戸幕府がほろんで、新しい政府ができる過程を明治維新という。

Q019
江戸は、明治時代に東京になった。

Q020
明治時代も、徳川家が政治の中心となった。

おわったら、答えと解説をチェックしよう！

◯✕クイズ 答え

A001	✕	江戸はいまの東京のことです。江戸幕府がひらかれたことにより、さらに発展しました。
A002	✕	江戸時代の将軍家の名前は徳川です。
A003	✕	幕末とは、一般に黒船が来航した1853年から江戸幕府が終了するまでの期間のことをいいます。
A004	◯	1603年に徳川家康が江戸幕府をひらき政権をにぎりました。
A005	◯	江戸時代には約300の大名がいたとされています。
A006	◯	老中の定員は4〜5人で、事実上、将軍にかわって政治をおこなっていました。
A007	✕	大名がおさめていた領地のことを「藩」といいます。江戸時代は、幕府とそれにしたがう藩で国がなりたっていました。
A008	✕	幕末に日本にきた外国の艦船を、船体が黒くぬられていたことから、黒船とよびました。
A009	◯	鎖国は、江戸時代にキリスト教の禁止と貿易統制をするためにはじめられました。
A010	✕	鎖国をやめ国交をひらくことを開国といいます。

A011	○	尊王は、天皇を崇拝すること、攘夷は、外国を打ちはらうことです。
A012	○	3～4ページの地図を見て確認しましょう。
A013	✕	いまの山口県のあたりです。3～4ページの地図を見て確認しましょう。
A014	✕	いまの高知県のあたりです。3～4ページの地図を見て確認しましょう。
A015	○	幕府のやりかたに不満をもった薩摩藩、長州藩の人たちを中心にさかんになりました。
A016	✕	戊辰戦争といいます。1868年から1869年まで、各地でたたかいがおこりました。
A017	○	江戸時代（1603～1867年）がおわり、明治時代（1868～1912年）がはじまります。元号を明治とあらためたのは、1868年9月です。
A018	○	「維新」は政治の体制があらたまって新しくなることをいいます。
A019	○	1868（明治元）年に江戸は東京と名前をかえました。
A020	✕	明治時代には、幕府をたおした薩摩藩、長州藩などが中心となって新しい政府をつくり、天皇を中心とする国づくりをめざしました。

さあ、これからいろいろな問題にチャレンジだ！

ここからは、答えをえらぶ検定クイズのスタートだ！
ムシャシやケイスケ、ミサキのいっていることを参考にして答えよう。答えがまちがっていたら、解説をじっくり読むこと。すべてのクイズをおえたら、チェックボックスで確認だ！

🗝では重要なことばを解説、🪧ではおもしろエピソードを紹介している。解説といっしょに読めば、さらに知識が深まるぞ。巻末にはさくいんもついているので、あとからしらべるのに活用しよう。

検定クリアをめざすぞ！

がんばろう！

幕府にかかわる人びと

Q021 アメリカから黒船にのって、日本にやってきた人はだれ？

❶ ペリー　❷ バリー　❸ ハリー

当時の人はペルリとよんでいたぞ。

当時の日本人がえがいた黒船と人物の絵。

❶ペリー

解説 黒船とよばれる軍艦にのってきたのは、**ペリー**をはじめとするアメリカの使節です。

艦隊司令長官ペリーは、1853年に4隻の黒船をひきいて浦賀（神奈川県横須賀市）沖に、翌年には7隻の黒船で江戸湾（東京湾）にやってきました。

ペリーの写真だよ。

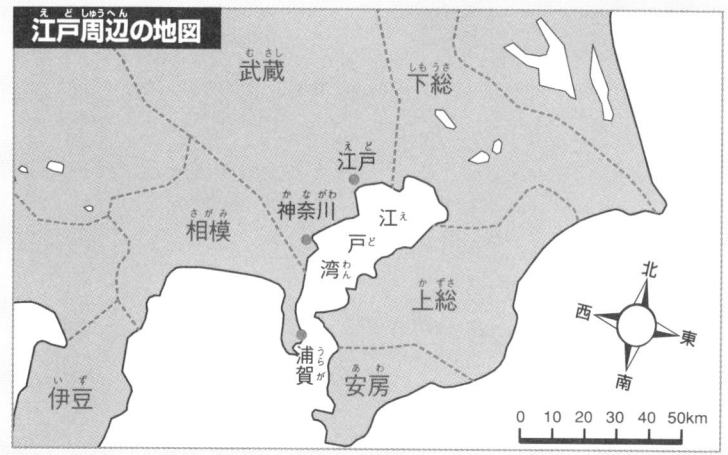

江戸周辺の地図

幕府にかかわる人びと

Q022

ペリーら、外国の使節が日本にきた目的は？

❶ 日本と戦争するため
❷ 日本に旅行するため
❸ 日本に開国を求めるため

日本は外国と条約をむすんだはずよ。

Q023

1854年に江戸幕府がアメリカとむすんだ条約は？

❶ 日米和親条約
❷ 日米修好通商条約
❸ 日英和親条約

この条約によって、開国したのだぞ。

A022 ❸日本に開国を求めるため

解説 当時、日本は鎖国をしていて、日本人が外国にいくことを禁止し、外国人が日本にくることを制限していました。アメリカなどの外国はそれを不満に思っていたため、日本に開国を求めにきたのです。

A023 ❶日米和親条約

解説 江戸幕府は1854年、2回めに日本にきたペリー艦隊の圧力のもとで**日米和親条約**をむすびました。これは、下田（静岡県下田市）と箱館（北海道函館市）を開港することなどをみとめた条約です。こうして、200年以上つづいた鎖国はおわりをつげました。このときの将軍は**徳川家定**、老中首座（代表）*は**阿部正弘**でした。

ペリーに同行した画家がえがいたペリー来航のようす。

＊老中のなかで最高位につく者。

幕府にかかわる人びと

Q024

アメリカの領事*ハリスが日本とむすんだ条約はどんな条約？

*外国に駐在して外交などをおこなう役人。

① 貿易をするための条約
② いっしょに戦争をするための条約
③ 鎖国をするための条約

わたしがむすんだ条約は、日米修好通商条約です。

「修好」は「国と国が親しく交際する」、「通商」は「外国と商業とりひきをおこなう」という意味だ。

❶貿易をするための条約

解説 1858年にハリスが幕府とむすんだ条約は、日米修好通商条約といって、日本とアメリカが貿易などをおこなうための条約です。この条約によって、箱館（北海道函館市）、神奈川（神奈川県横浜市）、新潟（新潟県新潟市）、兵庫（兵庫県神戸市）、長崎（長崎県長崎市）を開港し、貿易をおこなうことをみとめました。

しかし、この条約は、日本に関税（輸入品にかける税金）を決める権利がなく、犯罪をおかしたアメリカ人を日本の法律でさばけないなど、日本に不利な不平等条約でした。

2つの条約のちがい

	むすばれた年	むすんだ人	内容
日米和親条約 （国交をひらくための条約）	1854年	ペリー	開国をみとめる。下田と箱館を開港し、下田に領事館をおく。
日米修好通商条約 （自由貿易をみとめた条約）	1858年	ハリス	貿易をおこなうことをみとめる。神奈川、兵庫などを開港。

ハリスは両親と兄がひらいた店の経営を手つだい、東洋貿易に従事して、やがて領事になったのよ。

幕府にかかわる人びと

Q025 アメリカと日米修好通商条約をむすんだ人はだれ？

えらいのは天皇か将軍のはず……。

❶ 孝明天皇

❷ 徳川家定

❸ 井伊直弼

❸井伊直弼

解説 1858年にアメリカと日米修好通商条約をむすんだのは、幕府大老🗝の**井伊直弼**です。

井伊直弼は天皇の許可をえずに強引に条約をむすんだため、開国に反対する人たちなどからはげしく非難されました。

> この条約がむすばれて、外国が日本の良質な生糸などを買いあげたため、国内の物が値上がりして、しょみんの生活はたいへんになったよ。

絹織物の材料になる生糸は日本の代表的な輸出品だった。

🗝 大老

大老とは、江戸幕府で将軍を補佐した最高位の職です。老中の上に臨時にもうけられ、重要な政策の決定にかかわりました。

幕府にかかわる人びと

Q026 井伊直弼がおこなった、反対派に対する弾圧をなんという？

① 安政の大獄
② 平成の大獄
③ 明治の大獄

江戸時代の元号がついているぞ。

滋賀県彦根市にある井伊直弼の像。井伊はもともと彦根藩（滋賀県）の藩主だった。

① 安政の大獄

解説 天皇の許可をえずに条約をむすんだり、将軍のあとつぎを強引に決めたりした井伊直弼は、はげしく非難されました。

これに対し井伊は、将軍のあとつぎ問題で対立した前水戸藩主の徳川斉昭らを謹慎させ、攘夷をとなえていた人たちを処刑しました。これを**安政の大獄**といいます。うらまれた井伊はその後、水戸藩の人たちなどに暗殺されました。

短い期間につぎつぎと将軍がかわったんだね。

幕末の将軍とおもなできごと

代（期間）	13代 (1853〜1858年)	14代 (1858〜1866年)	15代 (1866〜1867年)
名前	家定	家茂	慶喜
おもなできごと	黒船来航 日米和親条約	安政の大獄 長州出兵	大政奉還
老中など	老中首座　阿部正弘	大老　井伊直弼	

井伊直弼は家定が亡くなる2か月ほど前に大老に就任したのだ。

幕府にかかわる人びと

Q 027

井伊直弼が暗殺された場所はどこ？

❶ 江戸城の門の外
❷ 彦根城のなか
❸ 姫路城の庭

大雪がふった朝におきたんですって。

井伊直弼が暗殺されたときのようす。　　　　（茨城県立図書館）

❶江戸城の門の外

解説 井伊直弼が暗殺されたのは、江戸城の桜田門の近くです。1860年3月、江戸城の桜田門の外で、水戸藩などの浪士＊らにおそわれて暗殺されました。これを**桜田門外の変**といいます。以後、幕府の力は弱まり反対に尊王攘夷運動はさかんになります。

＊つかえる主人を失う、または自分から主人のもとをはなれた武士。

いまものこっている桜田門（東京都千代田区）。

Q 028

13代将軍徳川家定と結婚した人はだれ？

LV.1 LV.2 LV.3

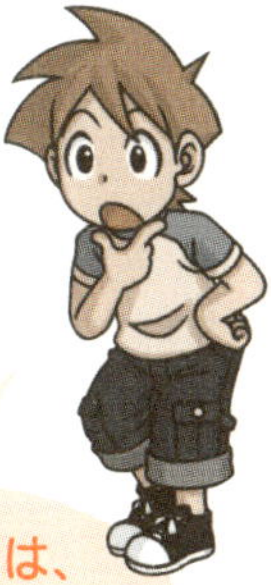

1 渥姫　2 篤姫　3 敦姫

あつ姫の「あつ」は、どんな漢字だったかなあ。

Q 029

14代将軍徳川家茂と結婚した人はだれ？

LV.1 LV.2 LV.3

1 孝明天皇の娘 富貴宮

2 孝明天皇の姉 敏宮

3 孝明天皇の妹 和宮

（増上寺）

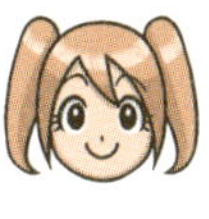

結婚したとき、家茂も相手も17歳だったそうよ。

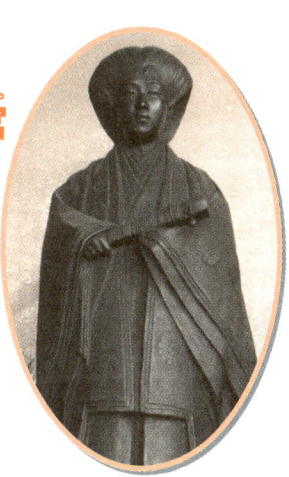

❷ 篤姫

篤姫（尚古集成館）

解説 篤姫は、薩摩藩の島津家の分家に生まれました。1853年に島津家の当主斉彬（→Q44〜45）の養女となり、徳川家定と結婚しました。しかし、病弱だった家定は結婚から1年半後に亡くなってしまいました。家定の死後、篤姫はふるさとの薩摩には帰らず、徳川家存続のために力をつくしました。

❸ 孝明天皇の妹 和宮

解説 1860年、幕府は朝廷と手をむすんで権威をとりもどそうと考えました。この考えを公武合体といいます。幕府は、孝明天皇に将軍家茂と皇女和宮との結婚をねがいでました。天皇ははじめは拒否しましたが、結婚をきっかけに朝廷の権威を回復しようとしていた人たちに説得され、攘夷を条件に結婚をゆるしました。そして1862年、和宮は17歳で家茂と結婚しました。

幕府にかかわる人びと

Q030

江戸時代最後の将軍は徳川慶喜。
「慶喜」の読みかたは？

なんて読むんだろう。むずかしいなあ。

❶ よしのぶ

❷ よしき

❸ よしむね

❶ よしのぶ

徳川慶喜は、水戸藩の藩主徳川斉昭の7男です。11歳のときに、御三卿*のひとつ一橋家のあとつぎとなりました。

1862年に26歳で将軍後見職となり、17歳の徳川家茂を助けました。そして1866年、家茂が病死すると、将軍の座につきました。慶喜は将軍になると、フランスの支援をえて幕府の軍備を充実させるなど、幕政の改革をいくつもおこないました。

*徳川家の分家である田安、一橋、清水の3家のこと。本家にあとつぎがいない場合、本家をつぐ資格があった。

15代将軍徳川慶喜　　（茨城県立歴史館）

慶喜は「けいき」とよばれることもありました。

幕府にかかわる人びと

Q 031

下の写真は徳川慶喜が
おこなった大政奉還の
ようすを再現したもの。
大政奉還とはどういう意味？

実際に大政奉還がおこなわれた二条城二の丸御殿の
大広間一の間、二の間。　　（元離宮二条城事務所）

大政奉還のつぎの年、元号が明治にかわるぞ。

❶ 朝廷と戦争をすること
❷ 朝廷に政権をかえすこと
❸ 攘夷をおこなうこと

❷朝廷に政権をかえすこと

 徳川慶喜が将軍の座についたものの、幕府をたてなおすことはできませんでした。

そこで、1867年10月、慶喜はいったん政権を朝廷にかえしました。これを**大政奉還**といいます。大政奉還により**倒幕派**の出ばなをくじき、ひきつづき政権をリードしようと考えたのです。

ところがその年の12月、朝廷により、天皇による政治がおこなわれた昔にもどるという、**王政復古の大号令**が出されました。こうして、徳川幕府による江戸時代はおわりをむかえました。

二条城は将軍が京都にきたときにとまったり、京都の警備をしたりするためにつくられた。

（元離宮二条城事務所）

幕府にかかわる人びと

Q032

幕末の京都で、尊王攘夷派の人びとをとりしまった隊はどれ？

❶ 新選組　❷ 信選組　❸ 心選組

隊旗には、「誠」の文字が書かれていた。

浪士や農民をあつめてつくった隊だぞ。

❶ 新選組

解説 1863年江戸幕府は、14代将軍徳川家茂の警護のために、江戸（東京）周辺の浪士をあつめて「浪士組」をつくり京都へむかわせました。浪士組が江戸に帰るとき一部の人びとが京都にのこり、尊王攘夷派の人びとをとりしまる隊を結成しました。これが新選組です。

1864年、新選組は、池田屋という旅館にあつまっていた尊王攘夷派の人たちを襲撃し、京都御所＊に火をつける計画をふせぎました。この「池田屋事件」によって、新選組はいちやく有名になりました。

＊東京遷都以前の皇居。

新選組が訓練などをおこなった壬生寺（京都市）。

幕府にかかわる人びと

Q033 新選組の局長（リーダー）はだれ？

「わかいころから、天才剣士とよばれていました。」

❶ 沖田総司

「隊士にきびしいことで有名でした。」

❷ 土方歳三

「農民から武士に、大出世したのだ。」

❸ 近藤勇

❸ 近藤勇(こんどういさみ)

近藤勇は幕府の家臣にとりたてられた。

解説 新選組の局長は近藤勇です。

近藤勇は、武蔵国上石原村(東京都調布市)の農民の子として生まれました。15歳のときに剣術を学びはじめ、のちに才能をみとめられ、道場のあととりとなります。

1863年、幕府が募集した浪士組に弟子とともに参加します。その後、新選組を結成して局長となりました。

しかし、**戊辰戦争**🗝でやぶれると、とらえられて処刑されました。

🗝 **戊辰戦争(ぼしんせんそう)**

幕府が朝廷に政権をかえし、新政府がつくられると、旧幕府側の人たちは、反発して新政府と各地でたたかいました。この一連のたたかいを戊辰戦争といいます。

幕府にかかわる人びと

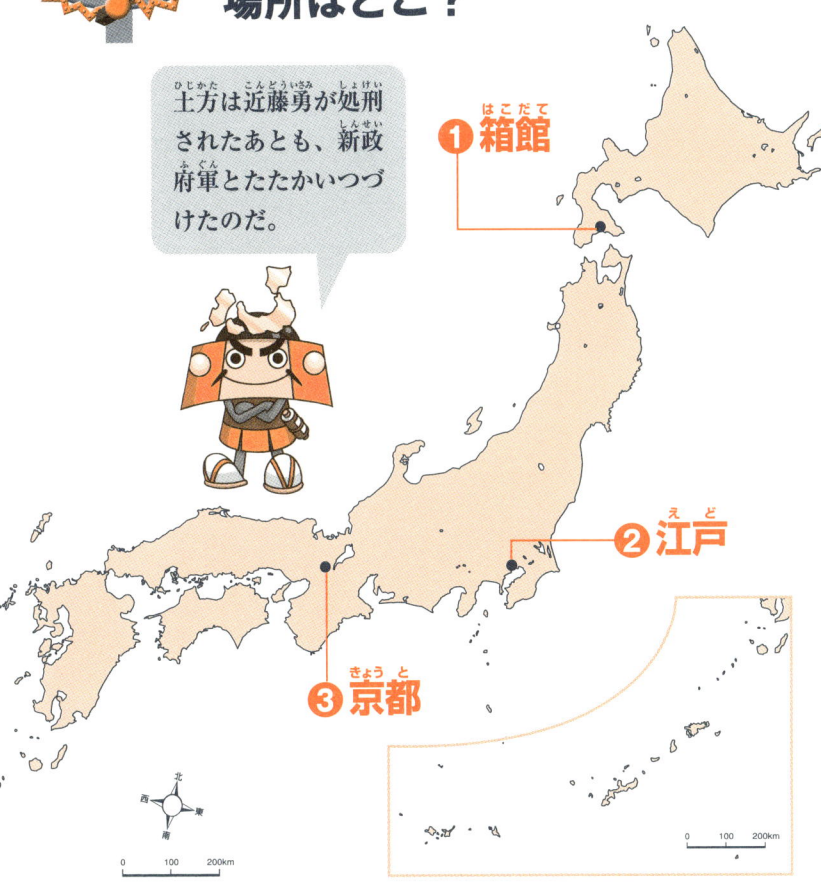

Q034 新選組の副長、土方歳三が亡くなった場所はどこ？

土方は近藤勇が処刑されたあとも、新政府軍とたたかいつづけたのだ。

❶ 箱館

❷ 江戸

❸ 京都

A 034 ① 箱館

解説 土方歳三が亡くなった場所は箱館（北海道函館市）です。

土方歳三

土方歳三は、武蔵国石田村（東京都日野市）で生まれました。近藤勇とおなじ道場に入門し、のちに、近藤らと新選組を結成し、副長（副リーダー）としてかつやくしました。

土方は新選組が戊辰戦争でやぶれたあとも、旧幕府軍の一員として各地でたたかいつづけ、1869（明治2）年に箱館の五稜郭で戦死しました。

函館市にある土方歳三の碑。

幕府にかかわる人びと

Q035 この人はだれ？

① 近藤勇　② 坂本龍馬　③ 勝海舟

わたしは航海術を学び、アメリカにわたりました。

A 035 ❸ 勝海舟

解説 勝海舟は、幕府の旗本*¹の子として江戸（東京）に生まれました。16歳のときに父親のあとをつぎ、まずしいなかで、剣術を学びながら蘭学*²や西洋の兵学も学びました。

長崎海軍伝習所で航海術を学んだあと、各藩の武士たちの指導にあたり、1860年に幕府の命令でアメリカにわたりました。

勝海舟が生まれそだった地にたてられた像（東京都墨田区）。

*¹ 江戸時代の将軍直属の家臣で、領有する土地の石高が1万石未満の者。
*² 江戸時代に、オランダ語を通して学んだ西洋の知識、技術、文化。

かわらばん 勝海舟は、船にのってかつやくしたことで有名ですが、じつは船よいしやすかったといわれています。

幕府にかかわる人びと

Q 036

勝海舟がみとめられた
きっかけはなに？

❶ 船をつくった
❷ 外国船をおいだした
❸ 幕府に意見書を出した

勝海舟は早くから蘭学を学び、西洋の知識が豊富だったぞ！

Q 037

勝海舟がアメリカにわたった
ときにのった
船の名前は？

❶ 黒船
❷ 咸臨丸
❸ 開陽丸

黒船はちがうと思うけど……。

41

A036 ❸幕府に意見書を出した

解説 勝海舟はペリー来航に対して、幕府に海のまもりの大切さなどをといた意見書を出しました。これが幕府の目にとまったことをきっかけに頭角をあらわし、かつやくしはじめます。

A037 ❷咸臨丸

> 全長約48m、625トンの小型の軍艦だったぞ。

解説 咸臨丸は幕府がオランダに注文してつくらせた軍艦です。1860年、勝海舟は咸臨丸の艦長に任命され、日米修好通商条約確認の手続きにいく使節団の護衛として、アメリカにわたりました。

帰国した勝は、1864年に神戸海軍操練所をつくり、各藩の武士たちに航海術を教えました。

咸臨丸（模型）。勝ら96名とアメリカに帰国する水兵たちがのっていた。

幕府にかかわる人びと

Q038
勝海舟は新政府軍の江戸城総攻撃を中止させた。これをなんという？

❶ 無血開城　❷ 無人開城　❸ 無理開城

このとき、幕府はたたかわずに城をあけわたしたのだ。

勝海舟と新政府軍の話しあいがおこなわれた場所のあと地には記念碑がたっている（東京都港区）。

A 038 ❶無血開城

解説 1868（明治元）年、新政府軍と旧幕府軍がたたかう戊辰戦争がはじまります。新政府軍が江戸（東京）に進軍してくると、勝海舟は旧幕府代表として新政府軍の西郷隆盛（→Q48〜51）と話しあい、江戸城総攻撃を中止させました。1滴の血もながさずに江戸城をあけわたしたことから、これを**無血開城**といいます。

勝は明治維新後、政府の重職につきましたが、数年後にやめ、旧幕府の家臣たちの援助などをおこないました。

> 江戸を戦場にしてはいけません。

> あなたの熱意にまけました。攻撃は中止します。

勝海舟　　　西郷隆盛

幕府にかかわる人びと

Q039 幕末の海軍副総裁はだれ？

❶ 土方歳三　❷ 坂本龍馬　❸ 榎本武揚

オランダに留学したこともあるんだって。

❸ 榎本武揚

解説 1836年榎本武揚は、幕府の家臣の子として生まれました。19歳のとき蝦夷地（北海道）の支配と防備をおこなう箱館奉行につかえました。その後長崎海軍伝習所で、勝海舟などの指導をうけました。

1862年にはオランダに留学し、航海術や造船術などを学びました。幕府がオランダに注文した軍艦開陽丸で帰国したあと、海軍副総裁となりました。

1868（明治元）年、戊辰戦争がはじまり旧幕府軍がやぶれると、榎本は開陽丸をひきいて江戸湾（東京湾）から脱出しました。

開陽丸は新政府軍とのたたかいで海にしずんでしまった。写真は設計図をもとにして復元されたもの。

幕府にかかわる人びと

Q040

榎本武揚ら、旧幕府軍が
たてこもり、新政府軍と
最後にたたかった場所は？

① 箱館
② 兵庫
③ 長崎

> たたかいのようすを
> えがいた絵ですって。
> 場所の名前が書いて
> あるわね……。

A 040

①箱館

> 土方歳三も榎本武揚といっしょにたたかったのよね（→Q34）。

解説 旧幕府軍と新政府軍がたたかった戊辰戦争で、旧幕府軍がつぎつぎとやぶれていくなか、海軍副総裁の榎本武揚は、開陽丸などの軍艦をひきいて箱館（北海道函館市）にわたりました。そうして、五稜郭にたてこもり、蝦夷島政府をつくって、新政府軍とたたかったのです。

降伏した榎本は、新政府軍の黒田清隆（→Q55）のはたらきかけもあり一命をとりとめ、才能を買われて北海道の開拓につくしたり外務大臣を担当し、明治政府に貢献しました。

五稜郭は、江戸幕府がつくった日本最初の西洋式城郭。星形をしているのが特徴。

幕府にかかわる人びと

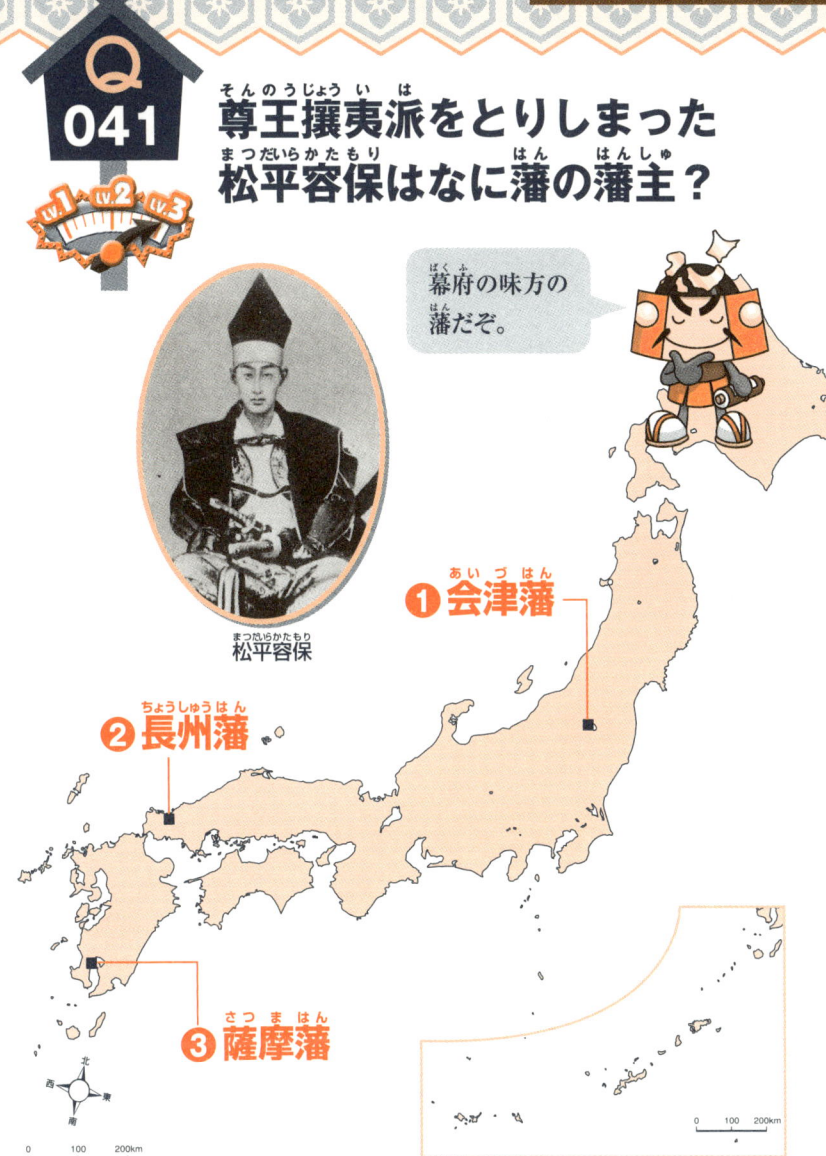

Q041 尊王攘夷派をとりしまった松平容保はなに藩の藩主？

幕府の味方の藩だぞ。

松平容保

❶ 会津藩

❷ 長州藩

❸ 薩摩藩

A 041

❶会津藩

復元された松平氏の居城、鶴ヶ城（福島県会津若松市）。

解説 尊王攘夷派をとりしまった松平容保は、会津藩の藩主です。容保は、朝廷のうごきを見はり、京都の治安維持にあたる幕府の京都守護職という役職でした。新選組を配下におき尊王攘夷派をとりしまったほか、孝明天皇と幕府のなかだちをしました。

　1867年の王政復古の大号令で京都守護職をとかれると、戊辰戦争で旧幕府軍としてたたかいました。

幕府にかかわる人びと

Q 042
戊辰戦争でたたかった会津藩の軍隊、白虎隊のメンバーの年れいは？

❶ 16〜17歳
❷ 18〜19歳
❸ 20〜21歳

これは白虎隊をえがいた絵だよ。ぼくより少し年上に見えるけど……。

A 042 ❶ 16〜17歳

解説 会津藩では年れいにより4隊にわけて、軍事訓練をおこなっていました。白虎隊はそのなかで一番わかい16〜17歳の少年で編成された部隊です。

もともと幕府よりだった会津藩では、王政復古の大号令以後、新政府に対する反対勢力が増大し、戊辰戦争では鶴ヶ城にこもって新政府軍をむかえうちました。白虎隊もたたかいましたがやぶれて、そのうち20人が自刃（自殺）し、1人をのぞく全員が死亡しました。

白虎隊の最後をえがいた絵。

飯盛山の入口（福島県会津若松市）。やぶれて飯盛山にのがれた白虎隊は、新政府軍が城下にはなった火を見て、落城したとかんちがいし自刃した。

幕府にかかわる人びと

Q043 おさらいです。つぎのうち、幕府側でない人はだれ？

これまでの問題をといてたからわかるわよ！

❶ 近藤勇
❷ 土方歳三 
❸ 勝海舟 
❹ 松平容保 
❺ 坂本龍馬

A 043 ❺坂本龍馬

解説 幕府側でない人は坂本龍馬（→Q72〜76、78〜80）です。龍馬は土佐藩出身で、薩摩藩と長州藩をむすびつけるなど、藩をこえてかつやくしました。

龍馬は幕府側の勝海舟の弟子になったこともあります。幕府や藩などの組織にとらわれず、広い世界で活動しようと考えていたのです。

近藤勇
新選組の局長として尊王攘夷運動をとりしまりました。

土方歳三
新選組の副長。最後まで幕府のためにたたかいました。

勝海舟
幕府の軍艦奉行としてかつやくしました。

松平容保
会津藩の藩主。尊王攘夷運動をとりしまりました。

龍馬についての問題は、後半にもあるよ！

幕府と薩摩藩、長州藩のうごき

開国によって外国から圧迫をうけると、尊王攘夷運動が高まりました。尊王攘夷運動はやがて倒幕運動へと方向をかえていきます。

年	幕府	薩摩藩	長州藩	大きなながれ
1854	日米和親条約 →開国へ (→Q23)			尊王攘夷
1858	日米修好通商条約 (→Q24〜25) 安政の大獄はじまる (→Q26)			
1862	将軍家茂と皇女和宮が結婚 →公武合体 (→Q29)	生麦事件 (→Q47)		
1863	新選組結成 (→Q32)	薩英戦争 (→Q47) 長州藩の尊王攘夷派を朝廷からおいだす	外国船砲撃 尊王攘夷派が朝廷からおいだされる	
1864	池田屋事件 (→Q32) 禁門の変で長州藩をやぶる (→Q49) 第1次長州出兵 (→Q49)		禁門の変で敗退 (→Q65) 四国連合艦隊が下関を攻撃 幕府へ謝罪	
1865		西郷、大久保らが藩の方針を倒幕へむける	木戸、高杉らが中・下級武士が実権をにぎる	倒幕
1866	第2次長州出兵失敗 慶喜が15代将軍に (→Q30)	薩長同盟 (→Q50、61、75)		
1867	大政奉還 (→Q31)	王政復古の大号令 (→Q31、88)		

55

人物名見つけゲーム（幕府編）

人物名を見つけて○でかこんでね（例：榎本武揚）。のこった文字でできる幕末に関係することばはなにかな？

どのむきに読んでもかまわないわよ！

こんな人物がかくれているよ！

本	榎	土	方	歳	三
武	ペ	リ	黒	正	弘
揚	ハ	ー	阿	部	和
井	リ	ス	松	平	宮
伊	直	弼	容	保	勇
姫	舟	海	勝	近	藤
篤	船	徳	川	慶	喜

ペリー　阿部正弘　ハリス　井伊直弼

つぎは「新しい国づくりに貢献した薩長土肥の人びと」の検定にチャレンジだ！

篤姫　近藤勇　徳川慶喜　土方歳三　勝海舟　松平容保　和宮

新しい国づくりに貢献した薩長土肥の人びと

Q044 ペリーが来航したときの薩摩藩の藩主はだれ？

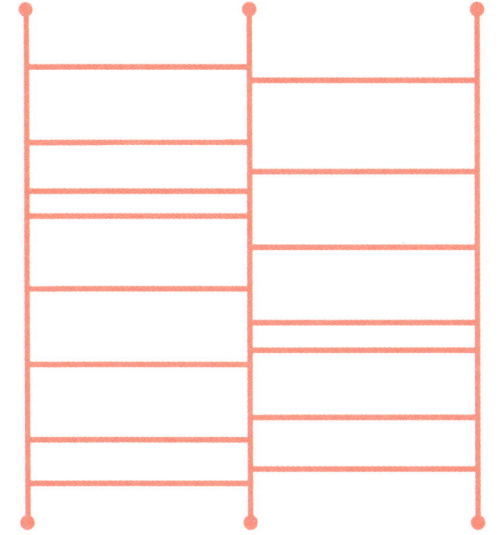

❶ 島津斉彬　❷ 松平容保　❸ 徳川斉昭

会津藩　　薩摩藩　　水戸藩

> 藩主と藩の名前がつながっているぞ。といてみるのだ！

A 044 ❶島津斉彬

解説 ペリーが来航したときの薩摩藩の藩主は**島津斉彬**です。

西郷隆盛（→Q48〜51）や大久保利通（→Q52〜54）などの有能な下級武士を抜てきし、かつやくの場所をあたえました。この決断は、のちの明治維新に大きな影響をおよぼすことになります。

鹿児島市にある島津斉彬の像。

将軍のあとつぎ問題🗝では、一橋慶喜（のちの徳川慶喜）をおして、井伊直弼と対立しました。斉彬が藩主をつとめた期間は7年と短いですが、藩の力をつけるさまざまな改革を実行したのです。

🗝 将軍のあとつぎ問題

13代将軍家定のあとつぎをめぐり、諸藩の大名は、一橋慶喜（のちの徳川慶喜）派と徳川慶福（のちの家茂）派にわかれてあらそっていました。大老の井伊直弼は強引に慶福をあとつぎと決め、慶喜派を弾圧しました（→Q26）。

新しい国づくりに貢献した薩長土肥の人びと

Q 045
薩摩藩の改革を進めた島津斉彬がとくに力をいれた改革はなに？

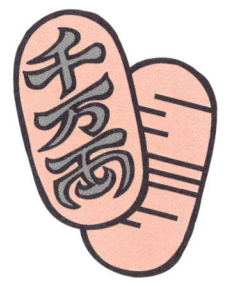

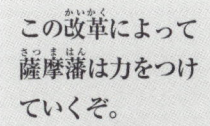

❶ 経費を節約した

この改革によって薩摩藩は力をつけていくぞ。

❷ 西洋の技術をとりいれた

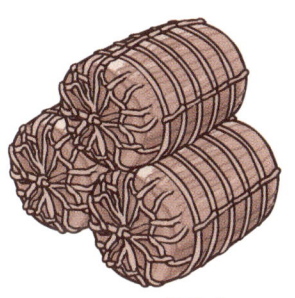

❸ 農業を推進した

A 045 ❷西洋の技術をとりいれた

解説 島津斉彬は、黒船の来航前後より開国を主張し、軍隊制度、造船や紡績などの西洋の技術や制度を積極的にとりいれました。欧米諸国のアジア進出に危機感をもっていたからです。

軍事力を充実させたことは、のちの薩英戦争（→Q47）でイギリス側に損害をあたえるという成果になってあらわれました。

> 鹿児島の伝統工芸の薩摩切子は斉彬が発展させたんですって。

ガラスに美しい切れこみ模様をいれた薩摩切子。

新しい国づくりに貢献した薩長土肥の人びと

Q046 薩摩藩で島津斉彬が亡くなったあと、権力をにぎった人はだれ？

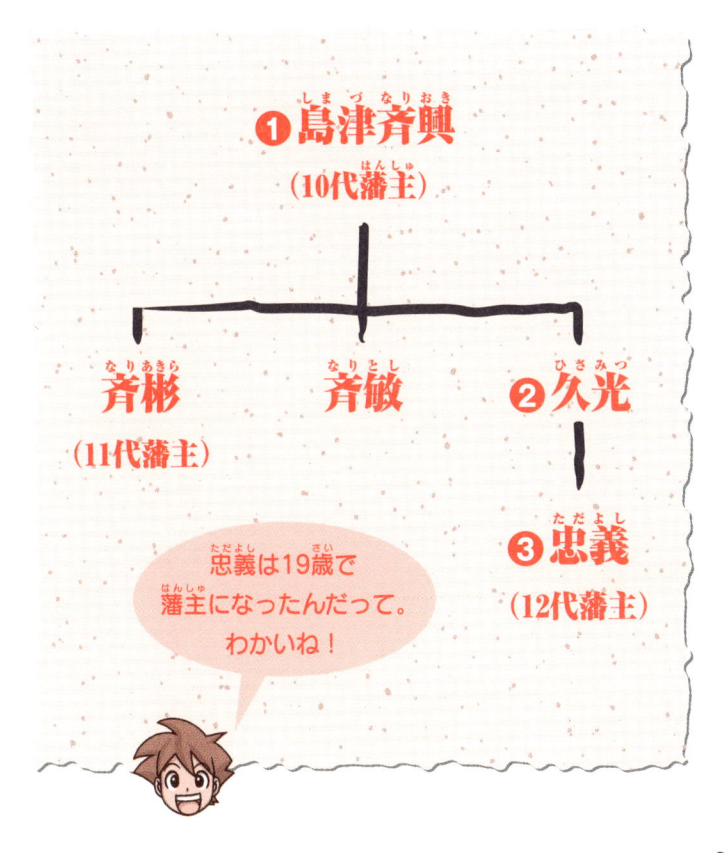

❶ 島津斉興
（10代藩主）

斉彬
（11代藩主）

斉敏

❷ 久光

❸ 忠義
（12代藩主）

忠義は19歳で藩主になったんだって。わかいね！

A 046 ❷久光

解説 権力をにぎった人は**島津久光**です。11代藩主の島津斉彬が亡くなったあと、斉彬の弟、久光のむすこの忠義が藩主となりました。久光は後見役として実権をにぎったのです。

久光は朝廷と幕府が手をむすぶ公武合体派でした。1862年京都にいき、朝廷に公武合体を主張します。しかし、のちに徳川慶喜と意見があわなくなり、倒幕を決意したといわれています。

島津久光

藩主の父親が権力をにぎったのね。

かわらばん 明治時代になり新政府によって藩が廃止されると、おこった島津久光は、一晩じゅう花火をあげてうさばらしをしたといわれています。

新しい国づくりに貢献した薩長土肥の人びと

Q047

島津久光の一行が江戸から薩摩藩に帰るときにおこした事件は？

❶ イギリス人を助けた
❷ イギリス人を殺傷した
❸ イギリス人を逮捕した

薩英戦争の原因となった事件なのだ。

この事件は、生麦村（横浜市鶴見区）でおきたことから「生麦事件」とよばれている。

（提供：鶴見みどころ80）

A 047 ❷イギリス人を殺傷した

解説 1862年、島津久光一行が江戸（東京）から薩摩藩に帰るとちゅう、久光らの行列の前にいながら馬からおりないイギリス人4人がいました。薩摩藩側は、無礼であるとしてきりつけ、イギリス人の1人が死亡、2人が重傷を負いました（**生麦事件**）。

これに対し、イギリスは犯人のひきわたしと賠償金＊を要求します。薩摩藩がこれを拒否したため、翌年、薩英戦争がおこりました。イギリスの実力を知った薩摩藩は、イギリスと和睦しました。このあと薩摩藩はイギリスと関係を深めていき、倒幕に必要な武器などをイギリスから手にいれます。

＊損害をつぐなうためにしはらうお金。

外国のすごさを知って、薩摩藩は開国倒幕派になっていったのね。

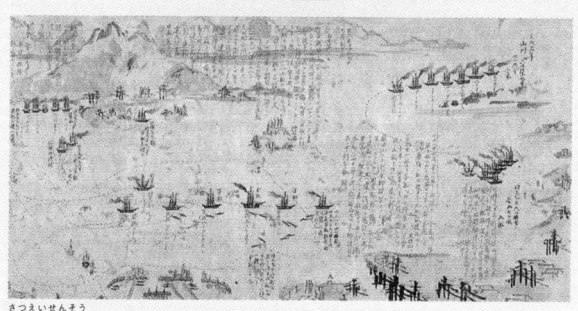

薩英戦争のようす。　　　　　　　　　（鹿児島県立図書館）

新しい国づくりに貢献した薩長土肥の人びと

Q048 薩摩藩出身のこの人はだれ？

❶ 西郷隆盛
❷ 坂本龍馬
❸ 黒田清隆

> 太いまゆげ、大きな目、おぼえやすい顔だね。

65

A 048 ①西郷隆盛

解説 西郷隆盛は、薩摩藩の下級武士の家に生まれました。西郷は意見書を出して、藩主の島津斉彬の目にとまり、斉彬のもとでかつやくしました。

1858年、斉彬が急死し、安政の大獄がおこなわれると、失望した西郷は自殺をはかります。一命をとりとめた西郷は、藩によって島流し*になりました。

上野公園（東京都台東区）にある西郷像。

1862年、ゆるされて活動を再開しますが、島津久光に尊王攘夷派と交流したことをとがめられ、ふたたび島流しになりました。2年後、藩から政治指導力をみとめられよびもどされた西郷は、藩の中心となってかつやくするようになります。

*江戸時代の刑罰のひとつで、離島に送られること。死刑につぐ重い刑。刑の期間は決まっておらず、農業や漁業の手つだいなどをしてすごした。

新しい国づくりに貢献した薩長土肥の人びと

Q049 1864年、西郷隆盛が指揮した薩摩軍とたたかった藩はなに藩？

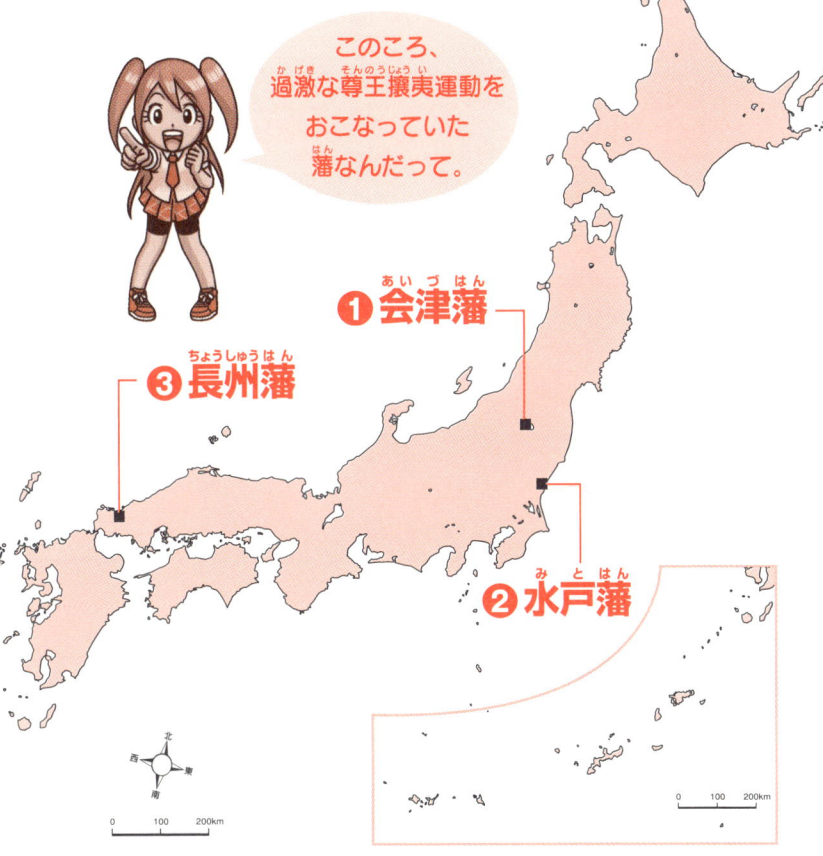

このころ、過激な尊王攘夷運動をおこなっていた藩なんだって。

❶ 会津藩

❸ 長州藩

❷ 水戸藩

A 049

❸ 長州藩

解説 1863年、長州藩を中心とした過激な尊王攘夷派は、薩摩藩や会津藩などの公武合体派によって、京都から追放されます。これに反発した長州藩は、勢力回復をはかろうと、翌年京都に出兵します（禁門の変→Q65）。

西郷隆盛は薩摩軍を指揮して長州軍をやぶりますが、勝海舟に有力な藩による連合政権の必要性をとかれると、長州出兵に積極的だった考えをあらためます。その後幕府が長州出兵にのりだすと、西郷は長州藩を説得し、たたかいをおこさずに事態をおさめました（**第1次長州出兵**）。

かわらばん　西郷隆盛はイヌが好きだったといわれています。66ページの上野公園の西郷がつれているイヌの名前はツンという名前です。

新しい国づくりに貢献した薩長土肥の人びと

Q050

西郷隆盛が、坂本龍馬の なかだちで長州藩の木戸孝允と むすんだ同盟は？

① 坂長同盟　② 薩長同盟　③ 西長同盟

> 長は長州藩の長だぞ。

Q051

1877（明治10）年に 鹿児島県の士族たちが おこした反乱を なんという？

① 西南戦争
② 戊辰戦争
③ 桜田門外の変

> 桜田門外の変は もうならったわ！

A 050 ❷ 薩長同盟

解説 西郷隆盛は1866年、坂本龍馬（→Q72〜76、78〜80）のなかだちで長州藩の木戸孝允（→Q59〜62）と薩長同盟をむすびます。薩摩藩はその年に幕府がおこなった**第2次長州出兵**への協力を拒否し、幕府は長州藩にやぶれました。

その後西郷は、倒幕運動に力をつくしたほか、戊辰戦争では江戸城の総攻撃を中止（無血開城→Q38）しました。

A 051 ❶ 西南戦争

解説 明治時代になると、士族（もとの武士）たちは、刀をさすことを禁止され、藩からの給料も廃止されました。こうした明治政府の対策に不満をもつ士族は多く、各地で士族の反乱がおこるようになりました。

九州各地の士族がおこした**西南戦争**は最大の反乱です。政府内の対立にやぶれ鹿児島にもどった西郷も、士族を見すてることができずに参加しました。政府軍にやぶれた西郷と幹部たちは自決（自殺）しました。

新しい国づくりに貢献した薩長土肥の人びと

Q052

下の写真は、「維新の三傑」とよばれた人たち。大久保利通はどれ？

❶　❷　❸

木戸孝允　大久保利通　西郷隆盛

写真と名前を線でむすんでみてね。西郷隆盛は知っているわ。

A 052

❶ 大久保利通

木戸孝允 ╳ 大久保利通 ╳ 西郷隆盛

> **解説** 大久保利通は、木戸孝允（→Q59〜62）、西郷隆盛とならんで維新の三傑として知られています。

薩摩藩の下級武士の生まれでしたが、藩の実力者である島津久光にみとめられ、藩の政治にかかわるようになりました。西郷や岩倉具視（→Q88〜89）らと手をくみ倒幕運動でかつやくし、1867年の王政復古の大号令を実現させました。さらに明治政府では大名たちに領地と領民を返上させる**版籍奉還**、藩のかわりに県と府をおく**廃藩置県**を実行しました。

> おなじ町内にすんでいた西郷隆盛とはおさななじみだったんだって。

鹿児島市にある大久保利通の像。

新しい国づくりに貢献した薩長土肥の人びと

Q053 大久保利通が出世するためにしたこととは？

❶ 和歌をよんだ

❷ 碁をおぼえた

❸ 剣の練習にはげんだ

> 薩摩藩の実力者島津久光も趣味にしていたぞ。

A 053 ❷碁をおぼえた

解説 大久保利通は、薩摩藩はじまって以来のスピード出世をはたした人物です。出世の秘密は、碁をおぼえたことにあります。

大久保は、島津久光の碁の相手だったお坊さんに弟子入りし碁をならい、情報をききだしました。そして、久光の読みたい本を知ると、その本に藩の政治に対する意見書をはさんで、久光にさしだしたのです。意見書を読んだ久光は、大久保の意見に感心し、大久保を出世させました。

大久保が愛用していた碁石と碁盤。

（鹿児島県歴史資料センター黎明館）

新しい国づくりに貢献した薩長土肥の人びと

Q054

1878（明治11）年大久保利通はだれに暗殺された？

大久保利通は、西南戦争で反乱軍をきびしく鎮圧したのだ。

西南戦争についてかかれた錦絵。左側の制服をきている人たちは政府軍、右側は反乱軍。

❶ 政府の役人　❷ 士族　❸ 外国人

A 054 ❷士族

解説 大久保利通は、明治政府でも重要な役職につき、版籍奉還や廃藩置県などの改革を成功させました。しかし、のちに西郷隆盛らと対立し、西南戦争では政府軍を指揮して、かつての友人である西郷を死においやってしまいます。こうしたことが士族たちの反感を買い、西南戦争の翌年暗殺されました。

西南戦争の錦絵にえがかれた大久保と西郷。

一番手前にいるのが大久保利通。　　馬にのっているのが西郷隆盛。

新しい国づくりに貢献した薩長土肥の人びと

Q 055 日本で二番めの総理大臣になった人はだれ？

❶ 伊藤博文　❷ 黒田清隆　❸ 西郷隆盛

一番めは知ってるよね。

77

A 055 ❷黒田清隆（くろだきよたか）

解説 日本で二番めに総理大臣になった人は、黒田清隆です。

黒田は薩摩藩出身で、倒幕運動や戊辰戦争などでかつやくしました。薩摩藩と長州藩が同盟をむすんだときには、薩摩藩側の使者として、長州藩に説得にいきました。

明治政府では、開拓使🗝長官や総理大臣などの重要な役職をつとめました。

なお、日本初の総理大臣は伊藤博文です。

北海道の開拓に貢献したことを記念してたてられた黒田清隆の像（札幌市）。

🗝 **開拓使**
明治時代にもうけられた役所で、北海道の開拓事業を進めました。

新しい国づくりに貢献した薩長土肥の人びと

Q056

おさらいです。
つぎのうち、薩摩藩出身の人はだれ？

❶ 榎本武揚（えのもとたけあき）

❷ 西郷隆盛（さいごうたかもり）

❸ 大久保利通（おおくぼとしみち）

❹ 黒田清隆（くろだきよたか）

> ひとりだけ江戸出身の者がまじっているようだ！

79

A 056

❷ 西郷隆盛
❸ 大久保利通
❹ 黒田清隆

解説 薩摩藩出身なのは西郷隆盛、大久保利通、黒田清隆です。榎本武揚は江戸（東京）出身で、幕府の海軍副総裁をつとめた人物です。

西郷隆盛
藩主の島津斉彬に抜てきされます。2度島流しになりますが、復帰して倒幕運動に力をつくしました。

大久保利通
藩の実力者島津久光に気にいられ、倒幕運動や新政府でかつやくします。

黒田清隆
戊辰戦争などでかつやくし、明治政府でも重要な任務につきました。

榎本武揚については、Q39とQ40にくわしく書いてあるよ。

新しい国づくりに貢献した薩長土肥の人びと

Q057 長州藩で多くの人材をそだてた思想家はだれ？

① 吉田松陰

② 吉田竹陰

松下村塾という塾で教えていたんだって。

③ 吉田梅陰

A 057 ❶ 吉田松陰

解説 吉田松陰は長州藩出身で、おさないときから学問にはげみ、22歳のときに江戸（東京）にいき海外の情勢にくわしい佐久間象山にも学びました。

ペリーが来航したときには、日本の将来の危機を強く感じ、日本を救うには西洋の進んだ学問を学ぶことが必要であると考え、アメリカへの密航を計画しますが、失敗しとらえられます。のちにおじがひらいた松下村塾をうけついで、多くの青年たちを教えそだてました。

幕府が天皇の許可をえず、日米修好通商条約をむすぶと、尊王派だった松陰は幕府を批判してとらえられ、処刑されました（安政の大獄→Q26）。

> 吉田松陰と松下村塾、どっちも「松」の字が入っているね。

吉田松陰の肖像画。　　　　　　（山口県文書館）

新しい国づくりに貢献した薩長土肥の人びと

Q 058 つぎのうち、吉田松陰（よしだしょういん）が教えた人はだれ？

① 高杉晋作（たかすぎしんさく）

② 大久保利通（おおくぼとしみち）

③ 西郷隆盛（さいごうたかもり）

吉田松陰（よしだしょういん）は長州藩（ちょうしゅうはん）出身だから……。

山口県萩市にいまものこっている松下村塾。

松陰の教えは、いろいろな人たちに影響をあたえたんだ！

A 058 ①高杉晋作

解説 吉田松陰は松下村塾で、国家は天皇が支配してそのもとではみな平等である、という考えをとなえ、幕府を否定しました。門下生は長州藩の人たちで、高杉晋作（→Q63〜64）、久坂玄瑞（→Q65）、伊藤博文など、のちにかつやくする人物が多くいました。

新しい国づくりに貢献した薩長土肥の人びと

Q059 この人はだれ？

わたしは長州藩出身で、倒幕運動や新政府の中心的人物としてかつやくしました。

長州藩出身の維新の三傑といえば？

1. 西郷隆盛
2. 岩倉具視
3. 木戸孝允

A 059 ❸ 木戸孝允

解説 木戸孝允（1865年までは桂小五郎と名のっていた）は、長州藩の生まれで青年時代に吉田松陰の教えをうけたあと、剣術修行のため江戸（東京）にいきます。ペリー来航に影響をうけ、西洋の技術やオランダ語なども学びました。そして、高杉晋作らとともに、長州藩を尊王攘夷から倒幕へむけようと力をつくします。

明治政府でも重要な役職につき、かつやくしましたが、1877（明治10）年に45歳で亡くなりました。

> 欧米にいって、教育の大切さを感じ、教育制度の整備にも力をつくしたよ。

木戸孝允の旧邸（山口県萩市）。

新しい国づくりに貢献した薩長土肥の人びと

Q060

木戸孝允（桂小五郎）の
あだなは？

力を過信せず慎重な性格だったんだよ。

❶ きりの小五郎
❷ うけの小五郎
❸ にげの小五郎

Q061

1866年、木戸孝允が
むすんだ同盟は、長州藩と
なに藩のあいだの同盟？

❶ 会津藩　❷ 薩摩藩　❸ 土佐藩

西郷隆盛と
むすんだはずよ。

A 060　❸ にげの小五郎

解説 木戸孝允（桂小五郎）は尊王攘夷派として京都にひそんでいたときに、新選組をはじめとする追手とは絶対にたたかわずにげていたため、「にげの小五郎」というあだながついたといわれています。

> 本当は剣術も強かったんだって。こわくてにげていたわけではなく、とても慎重な人だったんだ！

A 061　❷ 薩摩藩

解説 長州藩は過激な尊王攘夷運動をとがめられ、幕府においつめられていました。しかし1866年、坂本龍馬（→Q72〜76、78〜80）のなかだちで、木戸孝允と西郷隆盛が薩長同盟をむすぶと、長州藩と薩摩藩は協力して倒幕を実現しました。

新しい国づくりに貢献した薩長土肥の人びと

Q062

1868（明治元）年木戸孝允が作成にかかわった、新政府の基本方針をなんという？

❶ 五箇条の御誡文
❷ 五箇条の御誓文
❸ 五箇条の御聖文

明治天皇が神様に誓うという形式で発表されたんだって。

一、広く会議を興し、万機公論に決すべし。
一、上下心を一にして盛に経綸を行うべし。
一、官武一途庶民に至る迄、各其志を遂げ、人心をして倦まざらしめんことを要す。
一、旧来の陋習を破り天地の公道に基くべし。
一、智識を世界に求め、大に皇基を振起すべし。

A 062 ❷ 五箇条の御誓文

解説 1868（明治元）年に発布された新政府の基本方針を**五箇条の御誓文**といいます。

木戸孝允は、その草案作成に深くかかわりました。「列侯（諸藩の大名）会議を興し」とあったのを、「広く会議を興し」となおし、誓文が進歩的であることを強調しようとしたといわれています。

五箇条の御誓文の意味

― 広く会議を興し、万機公論に決すべし。
　意味：政治は、会議をひらいて、みんなの意見をきいて決めよう。

― 上下心を一にして盛に経綸を行うべし。
　意味：国民が心をひとつにして、政策をおこなおう。

― 官武一途庶民に至る迄、各其志を遂げ、人心をして倦まざらしめんことを要す。
　意味：役人、武士から庶民までその志をとげて失望のない社会にしよう。

― 旧来の陋習を破り天地の公道に基くべし。
　意味：これまでのよくないしきたりをあらためよう。

― 智識を世界に求め、大に皇基を振起すべし。
　意味：知識を世界から学んで、天皇中心の国家をさかんにしよう。

新しい国づくりに貢献した薩長土肥の人びと

Q063

幕末に長州藩で「奇兵隊」とよばれる軍隊をつくった人はだれ？

高■晋作

1. 杉
2. 松
3. 村

■に入る漢字をえらぶのだ！

A 063

❶ 杉

> **解説** 高杉晋作は長州藩出身で、吉田松陰の松下村塾で学びました。海外事情を知るために中国にわたり、西洋諸国に制圧されている中国の現状を目にしたことから、攘夷の考えを強くもつようになります。

高杉晋作

1863年、下関の防衛をまかされた高杉は、身分によらず農民や町民の志願者からなる奇兵隊🗝をつくります。その後、藩内の改革を実行し反対論をおさえて長州藩全体を倒幕にまとめます。1866年の第2次長州出兵には奇兵隊をひきいて幕府に勝利しますが、幕府崩壊を前に29歳のわかさで病死しました。

🗝 **奇兵隊**

高杉晋作が身分にこだわらずに募集してつくった隊で、藩の正式な軍隊ではなかったので奇兵隊とよばれました。明治維新後に反乱をおこして鎮圧されました。

新しい国づくりに貢献した薩長土肥の人びと

Q064 高杉晋作はある動物にたとえられた。それはなに？

① サル

② ウシ

③ ネコ

「鼻輪も通さぬ放れ○○」といわれていたんだって。なにかな？

93

A 064 ❷ウシ

解説 だれにもしばられず、強情な性格の高杉晋作は、友人から「放れウシ（つながれていないウシ）」にたとえられたといいます。

高杉はイギリス公使館を焼きうちにしたり、師である吉田松陰の遺骨を罪人墓地からほりだしたり、自由奔放で過激な行動がめだつ人物だったといわれています。

新しい国づくりに貢献した薩長土肥の人びと

Q 065

高杉晋作とともにイギリス公使館を焼きうちにした人はだれ？

❶ 木戸孝允　❷ 吉田松陰　❸ 久坂玄瑞

松下村塾で高杉晋作らといっしょに学んだ人だぞ。

山口県萩市にある像。むかって左は高杉晋作。まんなかは吉田松陰。

A 065 ❸久坂玄瑞

解説 久坂玄瑞は長州藩の医者のむすことして生まれ、高杉晋作らといっしょに吉田松陰の松下村塾で学びました。

1862年、高杉晋作らとともに、江戸（東京）に建設ちゅうだったイギリス公使館を焼きうちにするなど、過激な方法で尊王攘夷を実行しました。

久坂玄瑞　（山口県立山口博物館）

> 久坂は吉田松陰の妹と結婚したんですって。

1864年、禁門の変🗝に参戦した久坂は、深手を負っておいつめられ25歳で自害（自殺）しました。

🗝 禁門の変

1863年、薩摩藩や会津藩などの公武合体派が、尊王攘夷派の長州藩を京都から追放しました。翌年、これに反発した長州藩の人たちが京都にせめのぼりましたが、多くの戦死者を出してやぶれました。このたたかいを禁門の変といいます。

新しい国づくりに貢献した薩長土肥の人びと

Q066

戊辰戦争で新政府軍を指揮して、旧幕府軍をやぶった人はだれ？

❶ 坂本龍馬
❷ 大村益次郎
❸ 榎本武揚

軍制改革の中心としてかつやくしたのよ。

上野（東京都台東区）でたたかう新政府軍と旧幕府軍。

A 066 ❷ 大村益次郎

解説 戊辰戦争で新政府軍を指揮したのは**大村益次郎**です。1868年、上野（東京都台東区）にたてこもっていた旧幕府軍をやぶりました。

大村益次郎は長州藩出身の医者でしたが、江戸（東京）へ出て能力をみとめられ幕府の洋学を研究する機関などでつとめました。のちに、長州藩によびもどされ西洋兵学などを指導し、軍制改革をおこないました。明治政府では軍政を担当し、徴兵制の基礎をつくりましたが、士族におそわれたことがもとで亡くなりました。

大村益次郎
46歳で亡くなった。

新しい国づくりに貢献した薩長土肥の人びと

Q067

おさらいです。つぎのうち、長州藩出身の人はだれ？

❶ 木戸孝允 
❷ 大久保利通 
❸ 高杉晋作 
❹ 吉田松陰

これまで出てきた人物から考えればいいんだね！

A 067

① **木戸孝允**
③ **高杉晋作**
④ **吉田松陰**

木戸孝允
薩長同盟をむすび倒幕を実現します。明治政府でも重職につきました。

高杉晋作
尊王攘夷派で、奇兵隊をつくり外国や幕府とたたかいました。のちに藩を倒幕へとまとめていきます。

吉田松陰
尊王攘夷の考えをもち、松下村塾で多くの長州藩の青年を教えました。安政の大獄で処刑されました。

> 長州藩は、尊王攘夷運動から倒幕運動へとかわっていくのね。

解説 長州藩出身なのは、木戸孝允、高杉晋作、吉田松陰です。大久保利通は、薩摩藩出身です。倒幕運動や明治政府でかつやくしました（→Q52〜54）。

新しい国づくりに貢献した薩長土肥の人びと

Q068

土佐藩出身の武市半平太がつくった組織は？

① 土佐革命党
② 土佐維新党
③ 土佐勤王党

土佐藩を尊王攘夷にむけようとした組織なんだって。

Q069

土佐藩出身の岡田以蔵はなにをしたことで知られている？

① 対立した人を暗殺した
② 薩長同盟をむすばせた
③ 貿易をおこなった

人きり以蔵というあだながついていたんだって。

A 068 ❸ 土佐勤王党

「勤王」は「尊王」とおなじく、天皇を崇拝することだぞ。

解説 1861年に結成された土佐勤王党は、藩の方針を尊王攘夷にまとめようとした組織です。反対派の人を暗殺するなど、過激な方法もとりながら尊王攘夷を主張しました。のちに前藩主の山内容堂（→Q71）によって、解体させられます。武市半平太は土佐勤王党のリーダーでしたが、1865年に暗殺の罪などで切腹させられました。

A 069 ❶ 対立した人を暗殺した

解説 岡田以蔵は、土佐藩の身分の低い武士です。剣のうでを武市半平太にみとめられ、土佐勤王党に参加し、尊王派と対立する人をつぎつぎに暗殺しました。そのため、人きり以蔵とよばれおそれられました。勤王党が藩に弾圧されると、以蔵もつかまり処刑されました。

> **からばん** 坂本龍馬と親交のあった以蔵は、龍馬にたのまれて勝海舟の護衛をしたことがあります。

新しい国づくりに貢献した薩長土肥の人びと

Q070 土佐藩の改革をおこない、土佐勤王党に暗殺された人はだれ？

① 武市半平太
② 吉田東洋
③ 坂本龍馬

① 脱藩浪士
② 正解！
③ 土佐勤王党

土佐藩主に気にいられて、重要な役職についた人だぞ。上と下を線でむすんでみよう！

103

A 070

❷ 吉田東洋

```
    ❶          ❷          ❸
  武市半平太   吉田東洋   坂本龍馬
       ↘    ↓    ↙
    脱藩浪士  正解！  土佐勤王党
```

解説 吉田東洋は、もとは身分の低い武士でしたが、藩主（→Q71）によって抜てきされました。後藤象二郎（→Q77）や岩崎弥太郎（→Q82）などの若手の人材を登用し、藩の改革をおこないました。

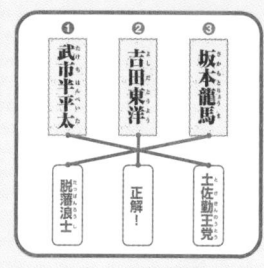

しかし、開国主義だったため、尊王攘夷の土佐勤王党と対立しました。1862年、勤王党によって暗殺されました。

吉田東洋が暗殺された場所にある碑（高知市）。

新しい国づくりに貢献した薩長土肥の人びと

Q071 土佐藩主はだれ？

わが藩は新選組を配下においていました。

❶ 松平容保

将軍に大政奉還を提案したのはわたしだ。

❷ 山内容堂

軍隊や工業の近代化に成功したぞ。

❸ 島津斉彬

この3人は、会津藩、薩摩藩、土佐藩の藩主たちだ。それぞれのセリフから判断するのだ！

A 071 ❷ 山内容堂

> **解説** 山内容堂は、22歳で藩主になると、財政をたてなおし、藩校の設立などの改革をすすめました。

山内容堂

幕府が日米修好通商条約をむすんだことに反対し、将軍のあとつぎ問題でも大老の井伊直弼と対立したので、安政の大獄（→Q26）で、藩主をやめさせられ謹慎処分となります。

その後復帰すると、藩主の後見人として実権をにぎり藩内の過激な尊王攘夷派を弾圧しました。1867年には、重臣の後藤象二郎（→Q77）の意見をとりいれて、徳川慶喜に大政奉還を進言し実現させました。

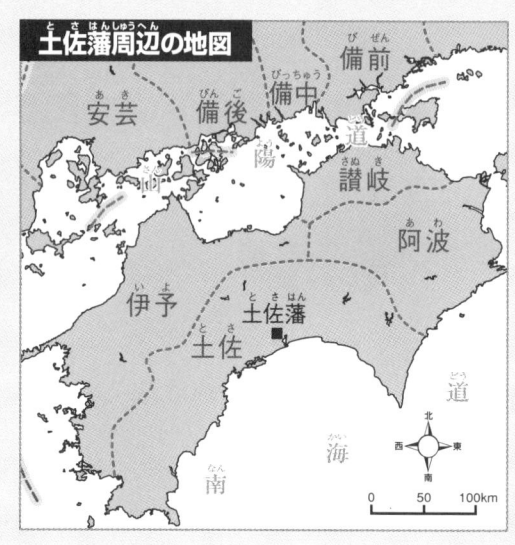

土佐藩周辺の地図

新しい国づくりに貢献した薩長土肥の人びと

Q072 だれのことをいっている？

姉の乙女：弟は、小さいころは「泣き虫のよばれたれ（寝小便たれ）」とよばれていたのよ。

勝海舟：あいつに船や外国のことを教えてやったのはわたしだ。

西郷隆盛：かれは薩摩藩と長州藩の仲をとりもったのだ。

❶ 木戸孝允　❷ 坂本龍馬　❸ 中岡慎太郎

A 072 ❷坂本龍馬

解説 坂本龍馬は、土佐藩の身分の低い武士の子として生まれました。おさないころは、泣き虫でいじめられっこでしたが、姉の乙女のすすめで剣術をならうようになり、しだいにたくましくなったといいます。

坂本龍馬

1853年、龍馬は剣術修行で江戸（東京）にいき、黒船を見て攘夷の考えをもちました。翌年、土佐にもどり、世界情勢にくわしい河田小龍に学び、海軍や貿易に興味をもつようになりました。その後、土佐勤王党に参加しますが、1862年、藩にこだわらず広い世界で活動しようと考え、脱藩して江戸へいきました。

> 坂本龍馬は現代の人びとにも人気がある人物だ。

脱藩
脱藩とは、武士が藩主の許可なく藩をぬけだすことで、重い罪になることもありました。

新しい国づくりに貢献した薩長土肥の人びと

Q073

つぎは、坂本龍馬の有名なことば。■に入ることばは？

日本を今一度 ■ いたし申し候

❶ せんたく
❷ そうじ
❸ りょうり

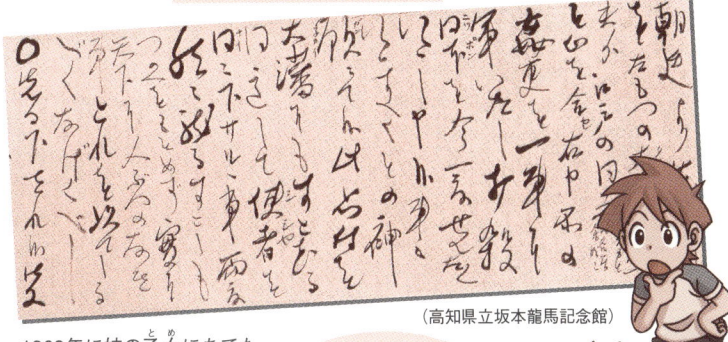

（高知県立坂本龍馬記念館）

1863年に姉の乙女にあてた龍馬の手紙。

この手紙のなかに書かれているんだって。

109

A 073 ❶ せんたく

解説 坂本龍馬は1863年、姉の乙女にあてた手紙に「日本をいまいちどせんたくし、正しい国のかたちにしなくてはならない」と書いています。

そのころ、攘夷派の長州藩が外国船を攻撃し、外国船のほうも長州藩を攻撃しかえすという事件がおきていました。ところが、幕府の役人がひそかに外国船を修理し、長州藩を攻撃する手だすけをしていたのです。それを知った龍馬ははげしくおこり、新しい国づくりに意欲をもやしました。その思いを、いかにも龍馬らしいいいかたで「日本をせんたくする」とたとえたのです。

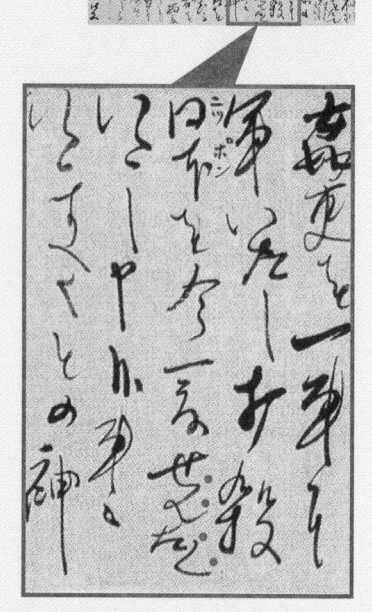

かわらばん 坂本龍馬は手紙好きで有名。龍馬が書いた手紙は、130通以上発見されています。

新しい国づくりに貢献した薩長土肥の人びと

Q074 坂本龍馬がつくった亀山社中は、おもになにをおこなった？

① 戦争　② 貿易　③ 農業

長崎市にある亀山社中あと。

亀山社中は、外国との交流がさかんだった長崎につくられたのだ。

A 074 ❷ 貿易

解説 坂本龍馬は脱藩したあと、江戸（東京）で勝海舟と出会い、世界を見すえた考えかたに影響をうけます。勝の弟子となった龍馬は、船のあつかいかたなどを学び、薩摩藩の西郷隆盛らと知りあいました。

1865年、龍馬は薩摩藩の援助をうけて、日本で最初の貿易会社、**亀山社中**（のちの海援隊）をつくります。亀山社中は外国から武器や軍艦を買い、薩摩藩や長州藩に売りました。薩摩藩と長州藩の貿易をなかだちしたことは、のちの薩長同盟へつながっていきます。

日本初のカンパニー（会社）ぜよ！

新しい国づくりに貢献した薩長土肥の人びと

Q 075 薩長同盟をむすんだときのようす。それぞれだれのセリフ？

① 薩摩は長州を攻撃した！薩摩をゆるすことはできない！

② 薩長がひとつになってこそ、日本を救えるのです

③ 長州のほうからお願いされないかぎり、薩摩は同盟をむすびません！

龍馬は薩摩藩と長州藩のあいだに入ったはずだよ。

ア 西郷隆盛
イ 坂本龍馬
ウ 木戸孝允

113

A 075

1 → ウ 木戸孝允
2 → イ 坂本龍馬
3 → ア 西郷隆盛

解説 貿易会社をつくり、薩摩藩や長州藩に武器などを売っていた坂本龍馬は、薩摩藩と長州藩が手をむすんで幕府をたおし、新しい政府をつくらなければと考えるようになります。

当時薩摩藩は公武合体派、長州藩は尊王攘夷派で、禁門の変でたたかったため対立していましたが、1866年、龍馬は薩摩藩の西郷隆盛と長州藩の木戸孝允を説得し、薩長同盟をむすばせます。これをきっかけに倒幕のうごきが強まり、新しい国づくりがはじまったのです。

木戸さん、同盟をむすびましょう。

新しい国をつくろうぜよ！

西郷さんがそういうなら、ぜひ！

新しい国づくりに貢献した薩長土肥の人びと

Q076

新しい時代の政治について、坂本龍馬の考えかたに近いものはどれ？

❶ 憲法をつくる
❷ 議会をつくる
❸ 幕府が政権を朝廷にかえす

正解はひとつとはかぎらないぞ！

A 076 ❶❷❸ ぜんぶ

解説 薩摩藩と長州藩が倒幕にうごきだすと、坂本龍馬は内戦で多くの人が死んだり、弱ったところを外国にねらわれたりするのを心配しました。

1867年、龍馬は幕府が政権を朝廷にかえせば、平和に新しい国づくりを進められると思い、新しい政治の方針を考えだしました。「幕府が政権を朝廷にかえす」「憲法をつくる」「議会をつくる」「有能な人材を採用し、無用な役職をなくす」など8条からなるもので、「**船中八策**」とよばれています。

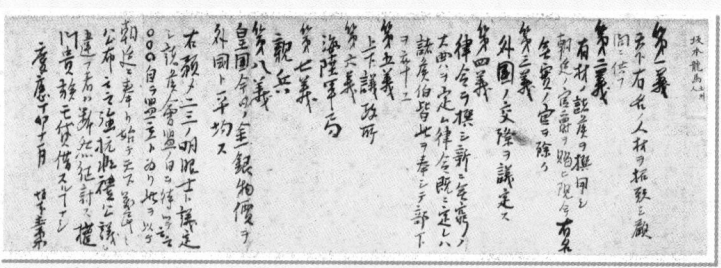

新政府綱領八策。龍馬が大政奉還後に船中八策を修正したもの。

> 龍馬の考えはこれまでの幕府とまったくちがうものだね!

新しい国づくりに貢献した薩長土肥の人びと

Q077 土佐藩の重臣、後藤象二郎がおこなったことは？

1. 龍馬を新政府の役人に採用した
2. 龍馬の船中八策を藩に提案した
3. 龍馬を脱藩の罪で逮捕した

後藤象二郎

大政奉還に関係しているってきいたけど……。

A 077
❷ 龍馬の船中八策を藩に提案した

解説 後藤象二郎は坂本龍馬が考えた船中八策を土佐藩に提案しました。これをうけて前土佐藩主の山内容堂は幕府に提案しました。15代将軍徳川慶喜はこれをうけいれ、大政奉還をおこないました。

後藤象二郎は土佐藩出身で、藩の重臣としてかつやくした人物です。1867年、龍馬と出会い、日本と土佐藩の将来について意見をかわしたといいます。そのころ、龍馬の会社、亀山社中は経営難に苦しんでいましたが、後藤のなかだちによって、土佐藩の援助をうけることができました。

新しい国づくりに貢献した薩長土肥の人びと

Q078

坂本龍馬や薩摩藩士などがよくとまっていた京都の宿の名前は？

① 寺田屋
② 近江屋
③ 池田屋

> 龍馬が幕府の役人におそわれて、危機一髪でにげだしたところなんだって。

Q079

坂本龍馬が暗殺された場所はどこ？

① 近江屋（しょうゆ屋）
② 京都御所
③ 京都の土佐藩邸

> 龍馬は友人といっしょにいるところをねらわれたんだって。

A078 ❶寺田屋

解説 寺田屋は、京都の船宿（船の乗客などのための宿）で、薩摩藩士や薩摩藩と関係が深かった坂本龍馬がよくとまっていました。1862年に薩摩藩の人どうしがあらそった「寺田屋事件」、1866年に龍馬が幕府の役人におそわれるなど、歴史にのこる事件がおきた場所です。

A079 ❶近江屋（しょうゆ屋）

解説 1867年、坂本龍馬は宿にしていた京都のしょうゆ屋、近江屋で暗殺されました。

暗殺の犯人はしりあいをよそおって、近江屋にとまっていた龍馬をたずねきりつけたといいます。

犯人についてはいろいろな説がありますが、幕府警察隊の京都見廻組というものが有力です。

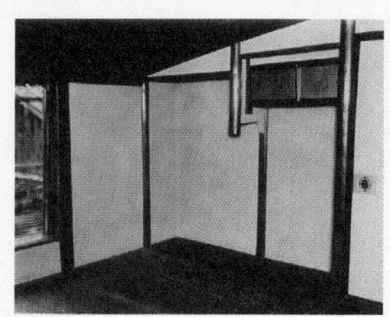

龍馬が暗殺された近江屋の2階の部屋。いまはもうなくなっている。　（京都大学付属図書館）

新しい国づくりに貢献した薩長土肥の人びと

Q080 坂本龍馬がおこなったことは？

ひとつじゃないぞ！

① 勝海舟の弟子になった
② 亀山社中をつくった
③ 薩長同盟のなかだちをした

これまでの復習だね！

（高知県立坂本龍馬記念館）

A 080 ❶❷❸ ぜんぶ

解説 坂本龍馬は土佐藩出身ですが、藩にこだわらず広い世界で活動しました。1862年、江戸（東京）で幕府軍艦奉行並の勝海舟に世界情勢や海軍の大切さなどを教えられ、弟子になります。その後、龍馬は薩摩藩の援助をうけ、長崎に貿易会社、亀山社中をつくりました（→Q74）。

やがて龍馬は、薩摩藩と長州藩がくめば、幕府をたおし新しい国をつくることができると考えるようになります。当時、薩摩藩と長州藩は対立していましたが、龍馬のなかだちで薩長同盟をむすびました（→Q75）。

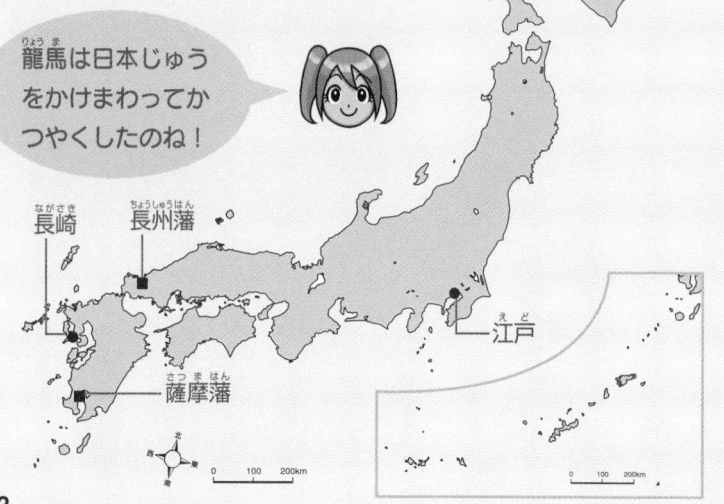

> 龍馬は日本じゅうをかけまわってかつやくしたのね！

新しい国づくりに貢献した薩長土肥の人びと

Q081

坂本龍馬の親友で、龍馬といっしょに暗殺された人はだれ？

① 武市半平太
② 中岡慎太郎
③ 後藤象二郎

武市半平太は土佐勤王党の人よね。

A 081 ❷ 中岡慎太郎

> 龍馬と新しい国づくりをめざしたのだ!

解説 中岡慎太郎は、土佐藩出身の武士で武市半平太のもとで学び、土佐勤王党に参加しました。

1863年、前藩主の山内容堂が勤王党を弾圧したため脱藩し、のちに坂本龍馬とともに薩長同盟をむすぶために力をつくしました。

その後、脱藩の罪をゆるされ、土佐藩附属の軍隊、陸援隊をつくって倒幕運動を進めます。1867年龍馬とともに、京都の近江屋にいるところを暗殺されました。

中岡慎太郎の墓（右）と坂本龍馬の墓（左）（京都市）。

新しい国づくりに貢献した薩長土肥の人びと

Q082
幕末から明治にかけての実業家、岩崎弥太郎がつくった会社はどれ？

❶ 三井　❷ 三菱　❸ 三越

土佐藩主の山内家家紋

この会社はいまもあるんだって。2つの家紋がヒントだよ。

岩崎家家紋

A 082 ❷ 三菱

解説 岩崎弥太郎は土佐藩出身で、土佐藩が経営する貿易会社の主任としてかつやくしました。坂本龍馬の海援隊を手つだうなど、土佐藩出身の人たちと深くかかわったことでも知られています。

1870（明治3）年、岩崎は海運事業をおこしました。これが三菱の出発点となり、三菱商会、三菱蒸汽船会社と社名をかえながら、さまざまな事業を展開していきました。

「三菱」って、自動車会社があるわよね。そんなに歴史の古い会社なんだ！

三菱のマークは、岩崎家と土佐藩主の山内家の家紋がもとになっているのです。

岩崎弥太郎

新しい国づくりに貢献した薩長土肥の人びと

Q083 ペリーが来航したときに通訳を担当した人はだれ？

生まれ故郷、土佐清水市にたつ像。

アメリカではジョン＝マンとよばれたそうよ。

① 勝海舟　② 坂本龍馬　③ 中浜万次郎

A 083 ❸ 中浜万次郎

解説 中浜万次郎は、土佐国出身の漁師で、1841年、漁をしていたとき遭難し、アメリカの捕鯨船に助けられ、アメリカにわたり教育をうけます。英語や航海術を学んだあと、航海士となり世界じゅうを航海しました。

1851年、日本に帰ってきた万次郎は、世界情勢にくわしかったことから、土佐藩に武士としてめしかかえられ、さらに幕府にもつかえました。勝海舟がアメリカにわたったときなどにも、通訳としてかつやくしました。

> 助けられたアメリカの船の名前をとって、ジョン万次郎ともよばれたよ。

新しい国づくりに貢献した薩長土肥の人びと

Q084

おさらいです。
つぎのうち、土佐藩出身の人はだれ？

❶ 坂本龍馬

❷ 中岡慎太郎

❸ 高杉晋作

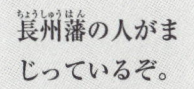

長州藩の人がまじっているぞ。

A 084

① 坂本龍馬
② 中岡慎太郎

解説 土佐藩出身の人は坂本龍馬と中岡慎太郎です。高杉晋作は、長州藩出身です。攘夷運動や倒幕運動でかつやくしました（→Q63〜64）。

長州藩

土佐藩

坂本龍馬
脱藩して勝海舟のもとで学んだり、貿易会社の亀山社中をつくったり、薩長同盟のなかだちをしたりと藩をこえてかつやくしました。

中岡慎太郎
土佐勤王党に参加したあと脱藩し、坂本龍馬とともに倒幕運動に力をつくしました。1867年に龍馬といっしょに暗殺されました。

新しい国づくりに貢献した薩長土肥の人びと

Q085

明治政府の司法制度の基礎をつくった江藤新平はなに藩出身？

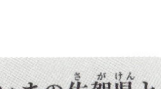

❶ 紀州藩

❷ 水戸藩

❸ 佐賀藩

いまの佐賀県と長崎県のあたりだぞ。

131

❸ 佐賀藩

解説 江藤新平は、佐賀藩出身です。ペリーが来航すると攘夷の考えをもち、1862年に脱藩しますが、藩にもどり謹慎処分となります。

1867年にゆるされて新政府にまねかれ、初代司法卿（法務大臣）となりました。裁判所の設置や判事や弁護士などをもうけた法律制度の導入などをおこないました。しかし翌年、政府と意見があわなくなり辞職しました。

江藤新平

佐賀藩周辺の地図

🗝 **佐賀藩**
佐賀藩は肥前佐賀藩ともよばれます。薩摩、長州、土佐とならんで、藩の改革に成功して力をつけ、明治政府でも多くの人物が要職につきました。この4つの藩は、まとめて薩長土肥とよばれることがあります。

新しい国づくりに貢献した薩長土肥の人びと

Q086 薩摩藩や長州藩に武器などを売ったイギリスの商人はだれ？

① ペリー　② ハリス　③ グラバー

いまも長崎にのこされている住まいは、日本でもっとも古い西洋風木造建築として知られている。

長崎に住んでいたんだって。

❸ グラバー

解説 スコットランド出身の**グラバー**は1859年に日本にきました。長崎にグラバー商会を設立し、貿易業をはじめます。1864年ごろから、軍艦や武器の輸入をおこなうようになり、薩摩藩や長州藩に売りました。

このほか、グラバーは西洋の技術を日本にもちこんだり、日本人のヨーロッパ渡航をてだすけしました。

グラバーの像（長崎市）。

かわらばん グラバーは日本人女性と結婚し1911（明治44）年に亡くなるまで、日本で生涯をすごしました。

おもな人物のうごき

幕末に大きな影響をあたえた人物たちのうごきを見てみましょう。

年	坂本龍馬	西郷隆盛	木戸孝允	おもなできごと
1852			剣術修行のため江戸へ	
1853	剣術修行のため江戸へ			ペリー来航
1854	土佐へ帰る 河田小龍に海外事情を教わる	薩摩藩主島津斉彬に抜てきされ江戸へ		日米和親条約
1855			長州に帰る	
1858		自殺をはかるが助かり、島流しに		日米修好通商条約 安政の大獄はじまる
1860			尊王攘夷派のリーダーに	勝海舟ら、咸臨丸で太平洋を横断 桜田門外の変
1861	土佐勤王党に参加			
1862	脱藩し江戸へ 勝海舟の弟子に	ゆるされて活動するが、ふたたび島流しに		生麦事件
1863				薩英戦争
1864	京都で西郷にあう	ゆるされて復帰 禁門の変でかつやく	禁門の変後、但馬に潜伏する	禁門の変 第1次長州出兵
1865	亀山社中をつくる		藩政のリーダーに	
1866	薩長同盟のなかだちをする	薩長同盟をむすぶ	薩長同盟をむすぶ	薩長同盟 第2次長州出兵、幕府軍敗退
1867	船中八策をつくる 京都で暗殺される	王政復古の大号令を実現		大政奉還 王政復古の大号令
1868 (明治元)		無血開城を実現	五箇条の御誓文の起草	戊辰戦争はじまる。五箇条の御誓文発布。元号を明治とする

人物名見つけゲーム（薩長土肥編）

人物名を見つけて○でかこんでね。
のこった文字でできる幕末に関係することばはなにかな？

こんどはむずかしいぞ！

こんな人物がかくれているよ！

杉	晋	作	木	戸	孝	允
高	藤	江	陰	松	中	岡
西	新	平	洋	田	吉	慎
郷	隆	瑞	東	大	郎	太
隆	盛	玄	田	吉	グ	還
清	田	坂	久	政	ラ	バ
武	黒	彬	通	利	保	一
市	半	斉	津	坂	久	大
奉	平	太	島	本	龍	馬

西郷隆盛　大久保利通　黒田清隆　島津斉彬　坂本龍馬　中岡慎太郎　グラバー

つぎは「そのほか・復習」の検定にチャレンジだ！

吉田松陰　高杉晋作　木戸孝允　江藤新平　久坂玄瑞　武市半平太　吉田東洋

答えは167ページ

そのほか・復習

Q087
明治時代になって、天皇は京都御所からどこにうつり住んだ？

1. 五稜郭
2. 江戸城
3. 二条城

> いまでも天皇の住まいとなっているぞ。

Q088
薩摩藩や長州藩と協力し、王政復古の大号令を実現させた人はだれ？

1. 岩倉具視
2. 徳川慶喜
3. 井伊直弼

> 「王政復古」は、天皇が政治をおこなう昔にもどすという意味よね。

A 087

❷ 江戸城

> 江戸城が皇居になったんだね。

解説 1868（明治元）年江戸を東京にあらため、徳川幕府の居城であった江戸城が皇居（天皇の住まい）となりました。翌年、明治天皇は約1000年のあいだ住んでいた京都御所から東京の皇居にうつりました。

A 088

❶ 岩倉具視

解説 岩倉具視は朝廷につかえる公家の生まれで、孝明天皇のそばにつかえました。1862年、岩倉は朝廷と幕府を協力させるため（公武合体）、孝明天皇の妹の和宮を14代将軍にとつがせますが、尊王攘夷派から非難され朝廷から追放されました。その後倒幕派の人たちと知りあい、しだいに倒幕の考えをもつようになります。

1867年、ゆるされて朝廷に復帰すると薩摩藩や長州藩の倒幕派とくんで、王政復古の大号令を実現し、明治天皇を中心にした国づくりを進めました。

岩倉具視

そのほか・復習

Q089 岩倉具視がリーダーとなった岩倉使節団はなにをした？

使節団ってことは……。

❶ 学校をひらいた
❷ 軍隊を訓練した
❸ 外国を訪問した

岩倉使節団の代表者。左から木戸孝允、山口尚芳、岩倉具視、伊藤博文、大久保利通。

(「特命全権岩倉使節一行」山口県文書館)

A 089

❸ 外国を訪問した

解説 岩倉具視は、明治政府では重要な役職についてかつやくしました。

1871(明治4)年、不平等条約の改正をかかげ、政府役人と留学生をあわせた約100人の岩倉使節団をひきいて、約1年10か月かけてアメリカやヨーロッパなど12か国を訪問しました。条約改正には失敗しましたが、進んだ制度や文化を見たことは日本の近代化に大いに役だちました。

岩倉使節団の欧米訪問

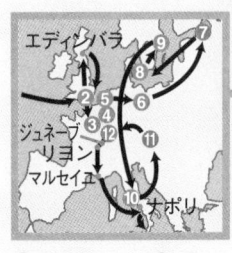

❶ ワシントン
❷ ロンドン
❸ パリ
❹ ブリュッセル
❺ アムステルダム
❻ ベルリン
❼ サンクトペテルブルグ
❽ コペンハーゲン
❾ ストックホルム
❿ ローマ
⓫ ウィーン
⓬ ベルン

※地名は当時のもの。

そのほか・復習

Q090 この人はだれ？

あれ？
お札になっている人
じゃないかな？

① 福沢諭吉　② 福本諭吉　③ 福田諭吉

A 090 ❶ 福沢諭吉

解説 福沢諭吉は、1834年に中津藩（大分県）の下級武士の子として生まれました。

長崎や大坂（大阪市）で蘭学を学んだあと、1858年に江戸（東京）の中津藩邸で蘭学塾をひらきました。当時の江戸ではまだ一般的ではなかった英語も、独学で勉強しました。

1860年、幕府の使節に志願し勝海舟が艦長をつとめる咸臨丸にのってアメリカにわたり、外国の文化や技術をまのあたりにします。その後も通訳や使節として外国にいき西洋の知識を深め、広く世に紹介しました。

> 幕末から明治にかけて外国の進んだ文化を紹介した本を書いて出版しました。

（日本銀行）

> 一万円札にのっている人よね！

そのほか・復習

Q091

福沢諭吉がひらいた塾の名前は？

現在は大学になっているぞ。

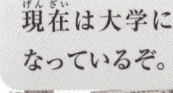

① 安政義塾
② 慶応義塾
③ 文久義塾

1912（明治45）年にたてられた旧図書館。

Q092

つぎは、福沢諭吉が書いた『学問のすゝめ』のなかのことば。■に入ることばは？

① 国　② 家　③ 人

天は■の上に
■をつくらず、
■の下に
■をつくらず

みんな平等であるという意味なんだって。

A 091　❷慶応義塾

解説　福沢諭吉は、1868年に塾を建設し、当時の元号をとって名を慶応義塾としました。慶応義塾への入学者はしだいにふえていき、1871（明治4）年には、三田（東京都港区）にうつることになりました。その後制度をととのえながら、私立の総合大学として発展していきました。

A 092　❸人

解説　1872（明治5）年に出版された『学問のすゝめ』のなかで、福沢諭吉は「人はみな生まれながらに平等であり、身分上下の差別などない」ととき、学問のたいせつさをうったえました。

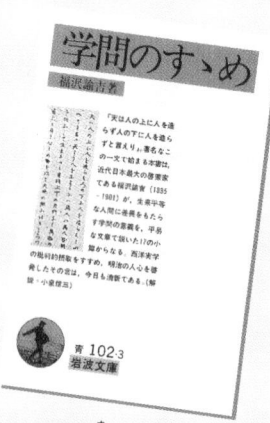

諭吉の新しい考えは、身分制度にしばられていた当時の人びとにショックをあたえ、『学問のすゝめ』は大ベストセラーになりました。

『学問のすゝめ』はいまでも読みつがれている。

（岩波書店刊行）

そのほか・復習

Q093 つぎはそれぞれだれの一生？

咸臨丸、島津久光、奇兵隊がキーワードよ。

①
1860年
咸臨丸でアメリカへ。
1862年
軍艦奉行並になる。
1864年
神戸海軍操練所を開設。
1868(明治元)年
江戸城を無血開城する。
1899年
死去。

②
1861年
島津久光にみとめられ出世。
1867年
新政府の重職につく。
1869年
版籍奉還を実施。
1871年
岩倉使節団の一員となって海外へいく。
1878年
士族に暗殺される。

③
1857年
松下村塾に入る。
1862年
上海にいく。久坂玄瑞らとイギリス公使館を焼きうちに。
1863年
奇兵隊結成。
1865年
反対派をやぶり藩を倒幕にまとめる。
1867年
病死。

ア 大久保利通　**イ** 勝海舟　**ウ** 高杉晋作

A 093

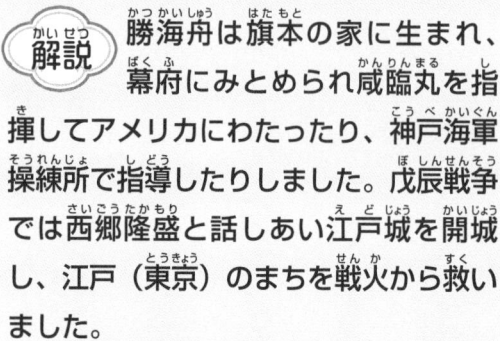

① ー イ 勝海舟
② ー ア 大久保利通
③ ー ウ 高杉晋作

解説 勝海舟は旗本の家に生まれ、幕府にみとめられ咸臨丸を指揮してアメリカにわたったり、神戸海軍操練所で指導したりしました。戊辰戦争では西郷隆盛と話しあい江戸城を開城し、江戸（東京）のまちを戦火から救いました。

大久保利通は薩摩藩出身で、藩の実力者島津久光にみとめられ出世します。西郷らと協力し倒幕を実現しました。明治政府では重職につきかつやくしますが、不満をもった士族に暗殺されました。

高杉晋作は長州藩出身。松下村塾で学び、藩の尊王攘夷派の中心としてかつやくしました。外国とたたかうために、農民や町民からなる奇兵隊を結成。その後、藩の考えを倒幕にまとめますが、倒幕を目前に病死しました。

勝海舟

大久保利通

高杉晋作

そのほか・復習

Q094 それぞれの写真と関係する人は？

どれも見たことあるよ。

❶ 江戸城桜田門

❷ 亀山社中あと

❸ 松下村塾

- ア 吉田松陰
- イ 井伊直弼
- ウ 坂本龍馬

A 094

❶ーイ 井伊直弼
❷ーウ 坂本龍馬
❸ーア 吉田松陰

解説 江戸城桜田門は井伊直弼が暗殺された場所です。安政の大獄で反対派をとりしまった井伊は、1860年に水戸藩の浪士らにおそわれ、暗殺されました。

亀山社中は、1865年に坂本龍馬が長崎につくった日本で最初の貿易会社です。外国の武器や軍艦を買い、薩摩藩や長州藩に売りました。

松下村塾は吉田松陰が長州藩の人びとを教えた私塾です。門下生には幕末にかつやくした人が多くいました。

> これらはいまでも見ることができるわよ。

松下村塾(山口県萩市)
亀山社中あと(長崎市)
江戸城桜田門(東京都千代田区)

そのほか・復習

Q095 あっていることを いっているのはだれ？

それぞれの人物がおこなったことを思いだしてみるのだ！

わたしは日米和親条約をむすびました。

❶ ハリス

わたしは新選組の局長で、幕府をたおしました。

❷ 近藤勇

わたしは『学問のすゝめ』を書きました。

❸ 福沢諭吉

149

A 095 ❸ 福沢諭吉

解説 福沢諭吉は通訳や使節として外国にいき、西洋の知識を深めました。1872(明治5)年に出版した『学問のすゝめ』では、人はみな平等であることや学問の大切さをときました(→Q92)。

ハリスはアメリカの領事として日本に駐在し、1858年に幕府と交渉して、貿易の自由などをみとめる日米修好通商条約をむすびました。日米和親条約をむすんだのではありません(→Q24)。

外国の艦船は黒船とよばれた。

近藤勇は新選組の局長で、幕府のために尊王攘夷派をとりしまりました。幕府をたおしたのではありません(→Q33)。

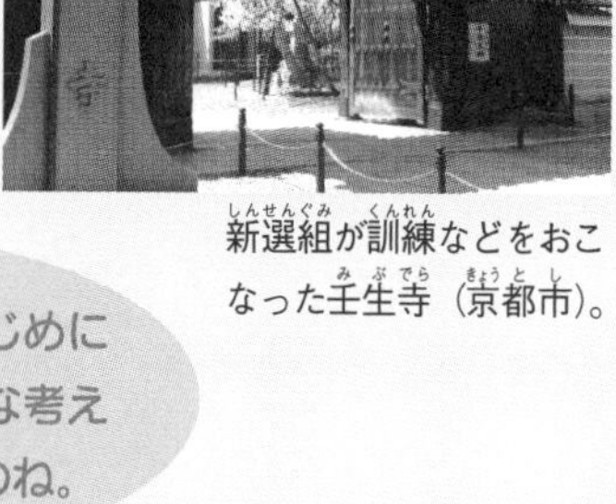

新選組が訓練などをおこなった壬生寺(京都市)。

幕末から明治のはじめにかけて、いろいろな考えかたの人がいたのね。

そのほか・復習

Q 096 つぎの人物がしゃべっているできごとをおこった順にならべると？

❶ 大政奉還をおこないました。 
徳川慶喜（とくがわよしのぶ）

❷ 薩摩藩と長州藩で同盟をむすびました。 
西郷隆盛（さいごうたかもり）

❸ アメリカと日米修好通商条約をむすんだのじゃ。 
井伊直弼（いいなおすけ）

❹ 箱館で新政府軍にやぶれた、無念！ 
榎本武揚（えのもとたけあき）

時代のながれを思いだしてみましょう。

A 096

❸ → ❷ → ❶ → ❹

短い期間にいろんなことがおこったんだね。

年	できごと
1853	ペリー来航、開国を求める（→Q21〜22）。
1854	ペリーがふたたび来航。日米和親条約をむすぶ（→Q23）。
1858	
1860	勝海舟ら、咸臨丸で太平洋を横断（→Q37）。桜田門外の変（→Q27）。
1862	生麦事件（→Q47）。
1863	薩英戦争（→Q47）。
1864	禁門の変（→Q49、65）。
1866	
1867	
1868（明治元）	戊辰戦争はじまる（→Q33、42）。五箇条の御誓文発布（→Q62）。元号を明治とする。
1869	
1871	岩倉使節団派遣（→Q89）。
1872	『学問のすゝめ』刊行（→Q92）。
1877	西南戦争（→Q51）。

❸ 井伊直弼は日米修好通商条約をむすびます。尊王攘夷運動が高まり、安政の大獄（→Q26）がはじまります。

❷ それまで対立していた薩摩藩と長州藩が薩長同盟をむすび、ともに倒幕を進めます。

❶ 徳川慶喜が大政奉還をおこない、朝廷に政権をかえします。江戸時代がおわりをつげました。

❹ 箱館で新政府軍とたたかっていた旧幕府軍の榎本武揚らが降伏し、戊辰戦争がおわりました。

そのほか・復習

Q097 つぎの人たちを出身藩ごとにわけると？

それぞれ2人ずつだぞ。線でむすんでみよう！

❶ 木戸孝允（きどたかよし）　❷ 坂本龍馬（さかもとりょうま）　❸ 黒田清隆（くろだきよたか）

薩摩藩（さつまはん）　長州藩（ちょうしゅうはん）　土佐藩（とさはん）

❹ 高杉晋作（たかすぎしんさく）　❺ 西郷隆盛（さいごうたかもり）　❻ 後藤象二郎（ごとうしょうじろう）

A 097

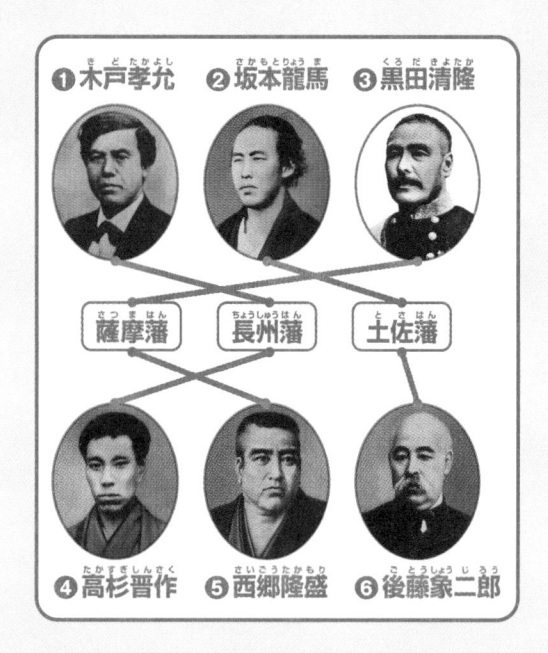

- ❶ 木戸孝允
- ❷ 坂本龍馬
- ❸ 黒田清隆

薩摩藩　長州藩　土佐藩

- ❹ 高杉晋作
- ❺ 西郷隆盛
- ❻ 後藤象二郎

解説 薩摩藩は、もともとは朝廷と幕府をむすびつける公武合体をめざしていましたが、のちに倒幕へとかたむいていきます。

長州藩は、もともと徳川家と仲がわるかったこともあり、尊王攘夷、倒幕の考えを強くもっていました。

土佐藩は尊王攘夷運動がさかんでしたが、前藩主の山内容堂が尊王攘夷派を弾圧しました。幕府に大政奉還を提案して実現させるなど、重要な役割もはたします。

藩ごとに特徴があるのね！

そのほか・復習

Q098

つぎのうち、いちばん長生きした人はだれ？

この服装から考えると……。

① 坂本龍馬
② 西郷隆盛
③ 徳川慶喜
④ 土方歳三

（茨城県立歴史館）

A 098 ❸ 徳川慶喜

解説 徳川慶喜は、旧幕府軍が戊辰戦争でやぶれたあと、江戸(東京)に帰って謹慎します。処罰をまぬがれると、駿府(静岡市)にうつり、狩猟、西洋画、写真など趣味を楽しみしずかな余生を送りました。1913(大正2)年、77歳でなくなりました。

狩猟をおこなう徳川慶喜。

ずいぶんわかくして亡くなってしまった人もいるのね。

(茨城県立歴史館)

徳川慶喜	77歳(1837〜1913年)	病死
西郷隆盛	51歳(1827〜1877年)	西南戦争で自殺
土方歳三	35歳(1835〜1869年)	戊辰戦争で戦死
坂本龍馬	33歳(1835〜1867年)	暗殺

そのほか・復習

Q099 それぞれの地名と関係ある人物、組織はどれ？

それぞれの地名の説明をもとに考えてみよう！

❶ 箱館
旧幕府軍と新政府軍の最後のたたかいがあった。

❸ 京都
幕末に尊王攘夷派が活動した。

❹ 長崎
鎖国ちゅう、ひらかれていた港。

❷ 浦賀
黒船が来航した。

| ア ペリー | イ 榎本武揚 |
| ウ 坂本龍馬 | エ 新選組 |

157

A 099 解説

❶ 箱館ーイ 榎本武揚

1868年、榎本武揚は軍艦をひきいて箱館（北海道函館市）にたてこもり新政府軍とたたかいますが、やぶれて降伏します（→Q40）。

❷ 浦賀ーア ペリー

1853年、アメリカの東インド艦隊司令長官のペリーは、日本に開国を求めるため、黒船で浦賀（神奈川県横須賀市）沖に来航しました（→Q21〜22）。

❸ 京都ーエ 新選組

1863年に結成した新選組は、京都で尊王攘夷派をとりしまるために活動しました（→Q32）。

❹ 長崎ーウ 坂本龍馬

1865年、坂本龍馬は長崎に貿易会社をつくって、外国から武器や軍艦を買い、薩摩藩や長州藩に売りました（→Q74）。

まちがったところは、前の問題にもどってやってみよう！

そのほか・復習

Q100 それぞれ名字と名前をくみあわせて正しい名前をつくると？

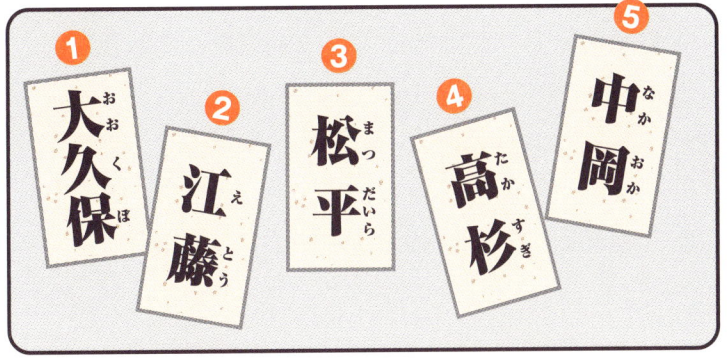

① 大久保（おおくぼ）
② 江藤（えとう）
③ 松平（まつだいら）
④ 高杉（たかすぎ）
⑤ 中岡（なかおか）

ア 慎太郎（しんたろう）
イ 利通（としみち）
ウ 晋作（しんさく）
エ 容保（かたもり）
オ 新平（しんぺい）

これまでの問題をといていればわかるはずだぞ。

A 100

解説

❶－イ 大久保利通

薩摩藩出身で、西郷隆盛らと手をくんで倒幕運動をおこないました（→Q52〜54）。

❷－オ 江藤新平

佐賀藩出身で、明治政府で司法制度をととのえました（→Q85）。

❸－エ 松平容保

会津藩主で、京都で尊王攘夷派をとりしまりました（→Q41）。

❹－ウ 高杉晋作

長州藩出身で、倒幕運動でかつやくしました（→Q63〜64）。

❺－ア 中岡慎太郎

土佐藩出身で、坂本龍馬とともに薩長同盟をむすぶのに力をつくしました（→Q81）。

幕末維新にかつやくした人、ばっちりおぼえたわよ！

チェックボックス

検定クイズ100問、おもしろかったかな。さて、ここでは、きみがどれだけできたか、チェックしてみよう。やっていないクイズや、答えがわからないクイズがあったら、そのページにもどって、もう一度チャレンジ！

Q 001 江戸とはいまの京都府のことである。
P.10

Q 002 江戸時代の将軍家の名前は豊臣である。
P.10

Q 003 幕末とは、江戸時代最後の将軍の時代をさす。
P.10

Q 004 幕府とは、将軍を中心とする武士の政治組織のことである。
P.10

Q 005 江戸時代、将軍につかえ、1万石以上の領地をおさめるものを大名という。
P.10

Q 006 江戸幕府で、全国支配のための政治をとりしきる役職を老中という。
P.10

Q 007 江戸時代、大名がおさめていた領地のことを県という。
P.10

Q 008 江戸時代につくられた日本の軍艦を黒船という。
P.10

Q 009 外国との貿易や交流を禁止したり、制限したりすることを鎖国という。
P.10

Q 010 鎖国をやめ、外国と国交をひらくことを出国という。
P.10

Q 011 天皇を崇拝し、開国に反対しておこった反幕府運動を尊王攘夷運動という。
P.11

Q 012 薩摩藩はいまの鹿児島県あたりのことである。
P.11

Q 013 長州藩はいまの広島県あたりのことである。
P.11

Q 014 土佐藩はいまの香川県あたりのことである。
P.11

Q 015 幕府をたおそうとする運動を倒幕運動という。
P.11

Q 016 1868年にはじまった旧幕府軍と新政府軍とのたたかいを西南戦争という。
P.11

Q 017 ✓ 江戸時代がおわったあとに明治時代がはじまる。 ……… P.11	Q 018 ✓ 江戸幕府がほろんで、あたらしい政府ができる過程を明治維新という。 ……… P.11	Q 019 ✓ 江戸は、明治時代に東京になった。 ……… P.11	Q 020 ✓ 明治時代も、徳川家が政治の中心となった。 ……… P.11
Q 021 ✓ アメリカから黒船にのって、日本にやってきた人はだれ？ ……… P.15	Q 022 ✓ ペリーら、外国の使節が日本にきた目的は？ ……… P.17	Q 023 ✓ 1854年に江戸幕府がアメリカとむすんだ条約は？ ……… P.17	Q 024 ✓ アメリカの領事ハリスが日本とむすんだ条約はどんな条約？ ……… P.19
Q 025 ✓ アメリカと日米修好通商条約をむすんだ人はだれ？ ……… P.21	Q 026 ✓ 井伊直弼がおこなった、反対派に対する弾圧をなんという？ ……… P.23	Q 027 ✓ 井伊直弼が暗殺された場所はどこ？ ……… P.25	Q 028 ✓ 13代将軍徳川家定と結婚した人はだれ？ ……… P.27
Q 029 ✓ 14代将軍徳川家茂と結婚した人はだれ？ ……… P.27	Q 030 ✓ 江戸時代最後の将軍は徳川慶喜。「慶喜」の読みかたは？ ……… P.29	Q 031 ✓ 下の写真は徳川慶喜がおこなった大政奉還のようすを再現したもの。大政奉還とはどういう意味？ ……… P.31	Q 032 ✓ 幕末の京都で、尊王攘夷派の人びとをとりしまった隊はどれ？ ……… P.33
Q 033 ✓ 新選組の局長（リーダー）はだれ？ ……… P.35	Q 034 ✓ 新選組の副長、土方歳三が亡くなった場所はどこ？ ……… P.37	Q 035 ✓ この人はだれ？ ……… P.39	Q 036 ✓ 勝海舟がみとめられたきっかけはなに？ ……… P.41
Q 037 ✓ 勝海舟がアメリカにわたったときにのった船の名前は？ ……… P.41	Q 038 ✓ 勝海舟は新政府軍の江戸城総攻撃を中止させた。これをなんという？ ……… P.43	Q 039 ✓ 幕末の海軍副総裁はだれ？ ……… P.45	Q 040 ✓ 榎本武揚ら、旧幕府軍がたてこもり、新政府軍と最後にたたかった場所は？ ……… P.47

Q 041 尊王攘夷派をとりしまった松平容保はなに藩の藩主？ P.49	Q 042 戊辰戦争でたたかった会津藩の軍隊、白虎隊のメンバーの年れいは？ P.51	Q 043 おさらいです。つぎのうち、幕府側でない人はだれ？ P.53	Q 044 ペリーが来航したときの薩摩藩の藩主はだれ？ P.57
Q 045 薩摩藩の改革を進めた島津斉彬がとくに力をいれた改革はなに？ P.59	Q 046 薩摩藩で島津斉彬が亡くなったあと、権力をにぎった人はだれ？ P.61	Q 047 島津久光の一行が江戸から薩摩藩に帰るときにおこした事件は？ P.63	Q 048 薩摩藩出身のこの人はだれ？ P.65
Q 049 1864年、西郷隆盛が指揮した薩摩軍とたたかった藩はなに藩？ P.67	Q 050 西郷隆盛が、坂本龍馬のなかだちで長州藩の木戸孝允とむすんだ同盟は？ P.69	Q 051 1877（明治10）年に鹿児島県の士族たちがおこした反乱をなんという？ P.69	Q 052 下の写真は、「維新の三傑」とよばれた人たち。大久保利通はどれ？ P.71
Q 053 大久保利通が出世するためにしたこととは？ P.73	Q 054 1878（明治11）年大久保利通はだれに暗殺された？ P.75	Q 055 日本で二番めの総理大臣になった人はだれ？ P.77	Q 056 おさらいです。つぎのうち、薩摩藩出身の人はだれ？ P.79
Q 057 長州藩で多くの人材をそだてた思想家はだれ？ P.81	Q 058 つぎのうち、吉田松陰が教えた人はだれ？ P.83	Q 059 この人はだれ？ P.85	Q 060 木戸孝允（桂小五郎）のあだなは？ P.87
Q 061 1866年、木戸孝允がむすんだ同盟は、長州藩となに藩のあいだの同盟？ P.87	Q 062 1868（明治元）年木戸孝允が作成にかかわった、新政府の基本方針をなんという？ P.89	Q 063 幕末に長州藩で「奇兵隊」とよばれる軍隊をつくった人はだれ？ P.91	Q 064 高杉晋作はある動物にたとえられた。それはなに？ P.93

163

Q 065 ✓ 高杉晋作とともにイギリス公使館を焼きうちにした人はだれ？ ……… P.95	Q 066 ✓ 戊辰戦争で新政府軍を指揮して、旧幕府軍をやぶった人はだれ？ ……… P.97	Q 067 ✓ おさらいです。つぎのうち、長州藩出身の人はだれ？ ……… P.99	Q 068 ✓ 土佐藩出身の武市半平太がつくった組織は？ ……… P.101
Q 069 ✓ 土佐藩出身の岡田以蔵はなにをしたことで知られている？ ……… P.101	Q 070 ✓ 土佐藩の改革をおこない、土佐勤王党に暗殺された人はだれ？ ……… P.103	Q 071 ✓ 土佐藩主はだれ？ ……… P.105	Q 072 ✓ だれのことをいっている？ ……… P.107
Q 073 ✓ つぎは、坂本龍馬の有名なことば。■に入ることばは？ ……… P.109	Q 074 ✓ 坂本龍馬がつくった亀山社中は、おもになにをおこなった？ ……… P.111	Q 075 ✓ 薩長同盟をむすんだときのようす。それぞれだれのセリフ？ ……… P.113	Q 076 ✓ 新しい時代の政治について、坂本龍馬の考えかたに近いものはどれ？ ……… P.115
Q 077 ✓ 土佐藩の重臣、後藤象二郎がおこなったことは？ ……… P.117	Q 078 ✓ 坂本龍馬や薩摩藩士などがよくとまっていた京都の宿の名前は？ ……… P.119	Q 079 ✓ 坂本龍馬が暗殺された場所はどこ？ ……… P.119	Q 080 ✓ 坂本龍馬がおこなったことは？ ……… P.121
Q 081 ✓ 坂本龍馬の親友で、龍馬といっしょに暗殺された人はだれ？ ……… P.123	Q 082 ✓ 幕末から明治にかけての実業家、岩崎弥太郎がつくった会社はどれ？ ……… P.125	Q 083 ✓ ペリーが来航したときに通訳を担当した人はだれ？ ……… P.127	Q 084 ✓ おさらいです。つぎのうち、土佐藩出身の人はだれ？ ……… P.129
Q 085 ✓ 明治政府の司法制度の基礎をつくった江藤新平はなに藩出身？ ……… P.131	Q 086 ✓ 薩摩藩や長州藩に武器などを売ったイギリスの商人はだれ？ ……… P.133	Q 087 ✓ 明治時代になって、天皇は京都御所からどこにうつり住んだ？ ……… P.137	Q 088 ✓ 薩摩藩や長州藩と協力し、王政復古の大号令を実現させた人はだれ？ ……… P.137

Q 089 ✓	Q 090 ✓	Q 091 ✓	Q 092 ✓
岩倉具視がリーダーとなった岩倉使節団はなにをした？ ……… P.139	この人はだれ？ ……… P.141	福沢諭吉がひらいた塾の名前は？ ……… P.143	つぎは、福沢諭吉が書いた『学問のすゝめ』のなかのことば。■に入ることばは？ ……… P.143
Q 093 ✓	Q 094 ✓	Q 095 ✓	Q 096 ✓
つぎはそれぞれだれの一生？ ……… P.145	それぞれの写真と関係する人は？ ……… P.147	あっていることをいっているのはだれ？ ……… P.149	つぎの人物がしゃべっているできごとをおこった順にならべると？ ……… P.151
Q 097 ✓	Q 098 ✓	Q 099 ✓	Q 100 ✓
つぎの人たちを出身藩ごとにわけると？ ……… P.153	つぎのうち、いちばん長生きした人はだれ？ ……… P.155	それぞれの地名と関係ある人物、組織はどれ？ ……… P.157	それぞれ名字と名前をくみあわせて正しい名前をつくると？ ……… P.159

さあ、いくつできたかな？
91問以上とけたら、検定クイズクリアだ！

トホホ。道は遠いなぁ。

やったー！

✓	0〜30問	まだまだ勉強がたりないようだ。この本を最初から読みなおして、もういちどチャレンジしよう。
✓	31〜70問	幕末の人物について、ちょっとはくわしくなったな。でも、クリアへの道はまだまだ遠い。がんばろう！
✓	71〜90問	なかなか、いいところまできているぞ。検定クイズクリアへの道はあと少し。ファイト！ ファイト！
✓	91〜100問	おみごと！ 幕末の人物について、ずいぶんくわしくなったはずだ。この調子で、さらに上をめざそう！

人名さくいん

あ

篤姫(あつひめ) …… 28
阿部正弘(あべまさひろ) …… 18,24
井伊直弼(いいなおすけ) …… 22,24,26,58,106,148,152
伊藤博文(いとうひろぶみ) …… 78,84
岩倉具視(いわくらともみ) …… 72,138,140
岩崎弥太郎(いわさきやたろう) …… 104,126
江藤新平(えとうしんぺい) …… 132,160
榎本武揚(えのもとたけあき) …… 46,48,80,152,158
大久保利通(おおくぼとしみち) …… 58,72,74,76,80,100,146,160
大村益次郎(おおむらますじろう) …… 98
岡田以蔵(おかだいぞう) …… 102

か

和宮(かずのみや) …… 28
勝海舟(かつかいしゅう) …… 40,42,44,54,112,128,142,146,152
木戸孝允(きどたかよし) …… 70,72,86,88,90,100,114,154
久坂玄瑞(くさかげんずい) …… 84,96
グラバー …… 134
黒田清隆(くろだきよたか) …… 48,78,80,154
孝明天皇(こうめいてんのう) …… 28,50,138
後藤象二郎(ごとうしょうじろう) …… 104,106,118,154
近藤勇(こんどういさみ) …… 36,38,54,150

さ

西郷隆盛(さいごうたかもり) …… 44,58,66,68,70,72,76,80,88,112,114,146,154,156
坂本龍馬(さかもとりょうま) …… 54,70,88,108,110,112,114,116,120,122,124,126,130,148,154,156,158
島津斉彬(しまづなりあきら) …… 28,58,60,62,66,80
島津久光(しまづひさみつ) …… 62,64,72,80,146

た

高杉晋作(たかすぎしんさく) …… 84,86,92,94,96,100,130,146,154,160
武市半平太(たけちはんぺいた) …… 102,124
徳川家定(とくがわいえさだ) …… 18,24,28,58
徳川家茂(とくがわいえもち) …… 24,28,30,34,58
徳川斉昭(とくがわなりあき) …… 24,30
徳川慶喜(とくがわよしのぶ) …… 24,30,32,58,62,106,118,152,156

な

中岡慎太郎(なかおかしんたろう) …… 124,130,160
中浜万次郎(なかはままんじろう) …… 128

は

ハリス …… 20,150
土方歳三(ひじかたとしぞう) …… 38,48,54,156
福沢諭吉(ふくざわゆきち) …… 142,144,150
ペリー …… 16,18,20,132,152,158

ま

松平容保(まつだいらかたもり) …… 50,54,160
明治天皇(めいじてんのう) …… 138

や

山内容堂(やまうちようどう) …… 102,106,118,124,154
吉田松陰(よしだしょういん) …… 82,84,86,92,94,96,100,148
吉田東洋(よしだとうよう) …… 104

◀ 56ページの答え

答え **黒船**

166

用語さくいん

あ

安政の大獄 …………24,106,148,152
池田屋事件 ……………………34
岩倉使節団 …………………140,152
江戸城 …………………44,70,138
王政復古の大号令 …32,50,52,72,138
近江屋 …………………………120,124

か

海援隊 …………………………112,126
開拓使 …………………………78
開陽丸 …………………………46,48
『学問のすゝめ』 ………144,150,152
亀山社中 ………112,118,122,130,148
咸臨丸 …………………42,142,146,152
奇兵隊 …………………………92,146
京都御所 ………………………34,138
禁門の変 ………………68,96,114,152
グラバー商会 …………………134
黒船 ……………10,12,16,24,108,158
公武合体 ………28,62,68,96,114、138,154
五箇条の御誓文 …………………90,152
五稜郭 …………………………38,48

さ

桜田門外の変 …………………26,152
薩英戦争 ………………………60,64,152
薩長同盟 …………70,88,100,112,114,122,124,130,152,160
松下村塾 ………82,84,92,96,100,146,148
新選組 ……34,36,50,54,88,150,158
西南戦争 ………………………70,76,152,156
船中八策 ………………………116,118

た

第1次長州出兵 …………………68
大政奉還 …24,32,106,118,152,154
第2次長州出兵 …………………70,92
大老 ……………………22,24,58,106
脱藩 ……………108,112,124,130,132
寺田屋 …………………………120
寺田屋事件 ……………………120
土佐勤王党 ………………102,108,124,130

な

生麦事件 ………………………64,152
日米修好通商条約 …20,22,42,82,106,150,152
日米和親条約 …………18,20,24,150

は

廃藩置県 ………………………72,76
版籍奉還 ………………………72,76
白虎隊 …………………………52
戊辰戦争 ………13,36,44,48,50,52,70,78,80,98,146,152,156

ま

無血開城 ………………………44,70

▼ 136ページの答え

答え
大政奉還

■監修

山村竜也 やまむら たつや
1961年東京都生まれ。中央大学卒業。歴史作家。NHK大河ドラマ「新選組！」および「龍馬伝」の時代考証を担当。著書に『天翔る龍 坂本龍馬伝』（NHK出版）、『史伝坂本龍馬』『真説新選組』（学研M文庫）、『本当はもっと面白い新選組』（祥伝社黄金文庫）、『目からウロコの幕末維新』『真田幸村』『戦国武将がわかる絵事典』（PHP研究所）、『戦国の妻たち』（リイド文庫）などがある。

イラスト／荒賀賢二
編集／検定クイズ研究会（こどもくらぶ）
キャラクター／K-SuKe
装丁／斎藤伸二（ポプラ社）、エヌ・アンド・エス企画
本文デザイン・図版・DTP・制作／エヌ・アンド・エス企画
地図／株式会社東京地図研究社『Map Package Lite』（承認番号 平21業使、第25号）

写真提供（敬称略、順不同）／国立国会図書館、碓氷製糸農業協同組合、(社)彦根観光協会、壬生寺、墨田区観光協会、開陽丸青少年センター、函館市立博物館、会津若松市、上野観光連盟、白虎隊記念館、(社)鹿児島県観光連盟、鹿児島市、株式会社島津興業 薩摩ガラス工芸、吉田松陰.com、(社)長崎県観光連盟、翔天隊.com、三菱史料館、土佐清水市、(社)水戸観光協会、Library of Congress（LC-USZC4-10373,LC-USZC4-1307,LC-USZC4-7502,LC-DIG-cwpbh-01611、LC-USZC4-3379 ）、中岡慎太郎館

この本の情報は2009年10月までに調べたものです。

図書館版　ポケットポプラディア④

検定クイズ100　歴史人物　幕末編

2011年3月　第1刷　2018年2月　第5刷

監　修／山村竜也
発行者／長谷川 均　**編集**／花立健
発行所／株式会社ポプラ社
　　　　〒160-8565 東京都新宿区大京町22-1
　　　　電話　03-3357-2212（営業）
　　　　　　　03-3357-2216（編集）
　　　　振替　00140-3-149271
インターネットホームページ／www.poplar.co.jp

印刷・製本／凸版印刷株式会社

Printed in Japan　　N.D.C.200/167P/18cm　　ISBN978-4-591-12346-1

落丁本・乱丁本は送料小社負担でお取り替えいたします。小社製作部宛にご連絡ください。
電話0120-666-553　受付時間は月～金曜日、9：00～17：00（祝日・休日は除く）
読者の皆様からのお便りをお待ちしております。お便りは編集部から監修者、執筆者へお渡しいたします。